空っぽになるほど
うまくいく生き方

情《じょう》報《ほう》断《だん》食《じき》

鈴木七沖

きずな出版

空っぽになると
それを埋めようとする力がはたらいて
必要な情報が向こうからやってくる。
「情報断食」とは、そんな原理原則を
活用した思考のリセット法です。

余分な情報や
思考グセを手放して
空っぽになると、
自分の軸が整って、
本来の役割や
使命（ミッション）が
見えてきます。

はじめに

人生の主役は誰か？

最初に、なぜわたしがこの本を書くのか、その理由をお伝えします。

自分らしく人生を楽しみながら
〝いのち〟を使いきる人が増えますように

せっかくこの世に生まれてきたのだから、思いきり楽しんでほしい。

そのためにも自分の役割や使命に気づいて存分に〝いのち〟を使いきってほしい。

軽快なステップで踊るように、心地よくのびやかに歌うように。一人ひとりがもっと大らかな気持ちで生きることができれば、きっと未来は面白くなるはずです。


わたしの職業は「編集者」です。

初めは雑誌の編集を体験し、その後、書籍の編集に20年以上（今でも！）たずさわりながらも同時に、みんなが集まる「場」をつくったり、著者のコミュニティづくりを企画したり、ドキュメンタリー映画を手がけたり、連続講座、地域づくり、カフェのブランディング、ファッションブランドの立ち上げなど、集《あつ》めて編《あ》むというスキルをさまざまな場面に応用しながら「編集力《へんしゅうりょく》」の大切さを伝える活動をしています。

　ある日のこと。人生の最期に、人がどのようなことに後悔するのかを調べたお医者さんから話を聞く機会がありました。大企業の重役から一般家庭の主婦まで、みんな立場は違えども、膨大な数の「後悔」には、概ね次のような共通点があったそうです。

- もっと健康に意識を向ければよかった
- もっとゆったりと働けばよかった
- もっと家族や友人と時間を過ごせばよかった
- もっと自分らしく生きればよかった
- もっと自分の言葉で話せばよかった
- もっと自分の幸せを考えればよかった

「健康」や「働き方」や「時間の過ごし方」は何となくイメージできます。それまでの生活態度やかかわってきた仕事、生きてきた時間の使い方など、もっとああしておけばよかった、もっとこうしておけばよかった、と長らく生きていれば誰もが思うことかもしれない、と考えられるでしょう。

ところが、多くの人たちが後悔している**「自分らしく」「自分の言葉」「自分の幸せ」**には、よくよく考えると疑問がわいてきます。何十年も自分の名前で生きてきたはずなのに、どうして「自分」が実感できなかったのか。

それって、もしかして、自分の人生を生きているようで、じつは**「他人の人生」**を生きてしまった人が多いってこと？　いろいろな選択を経験して、いろいろな体験をしてきたはずなのに、どうしてそう思ってしまう人が後を絶たないのか、お医者さんの話を聞きながらも疑問は解消できませんでした。

わたしは出版社の書籍編集者として、これまでに150冊を超える自己啓発本を手がけ、おかげさまで延べ300万人を超える読者の皆さまに愛読していただく体験をしてきました。

30代半ばで味わった妻との死別体験から、「人生」「生き方」「暮らし方」「在り方」を得意ジャンルとし、ずっと愚直にひとつのテーマの本ばかりを編み続けています(今も変わらずに)。

「自己啓発」とは、自分の意思と思考で、自分自身の能力を開発したり、精神的な成長をめざしたりすることをいいます。ところが「よりよい自分」「よりよい成功」「よりよい幸せ」を実現させることが本望にもかかわらず、こんなにも大勢の人たちが**「自分」をわからずに生きてしまっている**現状に、正直なところ愕然《がくぜん》としています。

そのうえで、次のような結論に達しました。

誰かの言葉を自分の言葉として使い、
誰かの人生を自分の人生だと思い込み、
何年も、何十年も過ごしてしまっている人たちが
じつは、ほとんどなのだという事実。

なぜでしょうか？　後悔するって嫌ですよね。できるなら充実した気持ちで人生をまっとうしたい……本来は誰もがそう思っているはずです。

あふれんばかりの情報が世界中を飛び交い、それに翻弄《ほんろう》されながら思考回路がパンパンに膨れ上がっている人、おまけに目に見えないウィルス騒ぎで行動も制限され、精神状態までおかしくなる人が増えています。

とくに、これからの未来づくりを担っていく10代の子どもたちや20～30代の若者たちが、自分がもっている能力すら発揮できず、自分自身が見えなくなったり、精神が不安定で自暴自棄になったりする姿を見るのは耐えがたい思いがあふれてきます。

・不安定な時代を生き抜く力
・あふれる情報に惑わされない判断力
・「わたし」が何者なのかを知る力

本書のタイトルにもなっている**「情報断食」**とは、そのような力を養いながら本来の自分を取り戻すために効果的なセルフ・メソッドだと思ってください。

頭と心が空っぽになることで
それを埋めようとする力を利用する

「情報断食」の原理は、けっして難しいものではありません。

「断食」ってありますよね。一定期間内に飲食行為を断つことをいいますが、一切何も口にしない厳しい内容のものから、水やお茶など水分だけを摂取するものまで、考え方や種類はいろいろあります。

ただ、どれも効用は似ていて、食べるものを減らすことで体内を空腹化させ、それで腸内の動きが整ったり、血流がよくなったり、細胞まで活性化されることでアンチエイジング効果もあると言われています。

最近では、週末だけ体験する「プチ断食」や「ファスティング」と呼ばれながら、より親しまれるようになりました。ビジネスマンのなかには、定期的に断食を取り入れ、リフレッシュ効果を仕事に活かしている人も増えています。

「情報断食」とは、字のごとく〝情報を断つ〟ことを意味します。口にする食べものを減らしていくように、「情報」を減らすことで頭のなかを整理したり、ときには何も考えなかったり。それが思考回路を整えることにもつながり、心を穏やかにすることで、自分自身を見つめ直す効果をもたらします。

ギリシア時代の哲学者で「万学の祖」とも呼ばれるアリストテレスは、次のような言葉を残しています。

〝自然は真空を嫌う〟

彼は、この自然界には真空状態などあり得ない、と説きました。そこには目には見えなくとも必ず何かが存在していて、真空状態を埋めようとする。すべての空間は何かに埋められるんだ、と。この言葉は後世に渡ってさまざまな解釈を生み出しました。「手放すことで入ってくる」「アウトプットすることでインプットされる」「呼吸と同じく吐くことで入ってくる」、どれもが循環を説きながら真空の理《ことわり》にふれています。

また、NLPでは、脳の基本プログラムのひとつとして、次のようなことを取り上げています。ちなみにNLPとは、Neuro Linguistic Programing（神経言語プログラミング）の略称で、別名「脳と心の取扱説明書」とも呼ばれる最新の心理学です。

〝空白の原則〟

脳は「わからない」という状態、つまり空白を嫌うので、強烈な欲求や不快感、問題意識が生じたときは、それを埋めようとするそうです。とくに「問い（question）」に対しては、潜在意識を総動員するような勢いで埋めにかかります。

実際に食べものを減らす「断食」を体験すると、空腹という飢餓感から眠っていた生存本能が蘇《よみがえ》り、それを埋めるためにエネルギー消費を減らす反応が生じたり、食べものを摂取する行動が促進されたりします。つまり「生き延びよ！」という飢餓スイッチが体内のいたるところで作動し、生命を保持しようと細胞が動き始めるのです。

これもある意味、「自然は真空を嫌う」や「空白の原則」の解釈に似た現象だと言えるのではないでしょうか。

自然は真空を嫌う

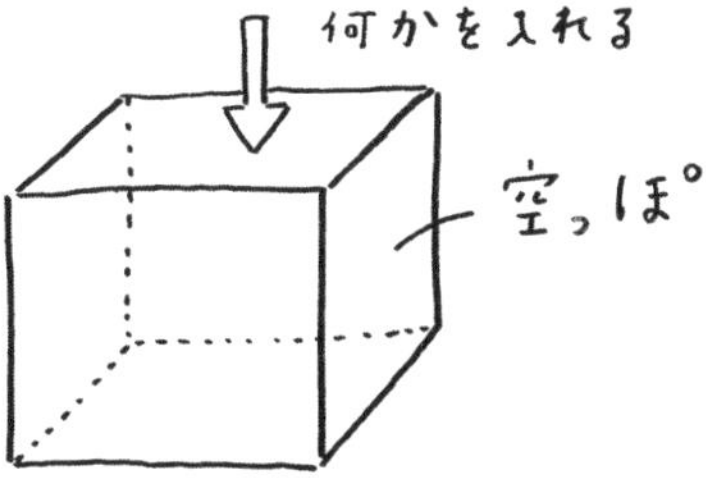

空っぽになった空間には
何かを入れようとする力がはたらくのです

空白の原則

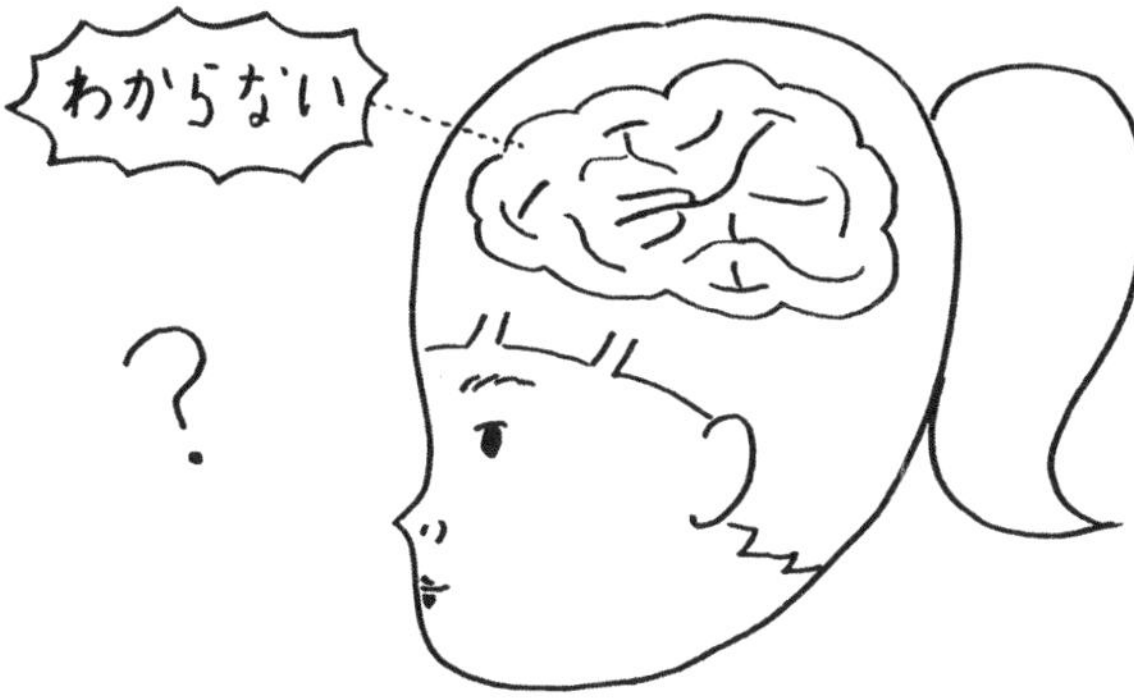

脳は「わからない」という空白を
嫌うので必死になって埋めようとします

10年の時間をかけてゆっくりと検証した変化

この本を書くにあたって、結果的には10年という年月を要することになりました。

2010年の1月1日、ちょうど新年を迎えた日から「情報断食」をスタートさせました。最初の3年間は主に仕事現場での実践です。当時はまだどっぷりと情報産業に浸っていましたので、自分の思考がどのように変化していくのかが、よくわかりました。情報を断つと、わたしにとって必要な情報やアイデアが立て続けにやってきました。

日常のなかで体験を積み重ねて「情報断食」の効果を確かめたのですが、毎回が驚きの連続でした（**本書は、このときの体験を中心にまとめています**）。

次の5年間というフェーズは、主に暮らしのなかで。我が家はシングルファザーの家庭でしたので、思春期を迎えた息子との生活を通して、家族のこと、人とのご縁やつながりのこと、食のこと、生活の知恵など、新たな気づきや実践がありました。

そして直近でいうところの2年間あまりは、息子との共同生活を解消し、そして会社組織からもあえて独立。なるべく自然の多い環境下（海の近く）に身を置きながら、さらなる精神的な深みを味わう第3フェーズへと実験を継続させています。

もちろん人生には、肉体面の衰えや生活をするための金銭的な問題など、生きていくことで生じる悩みは尽きません。しかし、同時に歳を重ねていくことで味わえる真の豊かさも感じられるようになりました。若いときにはわからなかったことが、少しずつ理解できる爽快感はなにものにも代えがたい体験です。

そして、人と人との縁のしくみや、もっというなら肉体とたましいのしくみ、人生そのもののしくみがわかったときは、わたしにとって**「情報断食」への感謝に変わる瞬間**でもありました。その日から人生の後半戦の指針は定まりました。

実践することによって柔軟性と安定感が得られました。これを感じ取ることで、人生の主役が誰で、何のために〝いのち〟を使うのかがわかってきました。

- どんなことにもチャレンジできる柔軟性
- どんな状況でも穏やかな心でいられる安定感

これ以上、誘導される情報によって自分をなくす人をふやしたくない！

「はじめに」の最後に、わたしたちが住んでいる世界の現状を共有しておきましょう。

人工知能（ＡＩ）の技術が発達して、これまで人間がやっていた仕事の多くがテクノロジー化されるようになりました。気づけば、さまざまなジャンルで働き方が変わりましたし、目に見えないウィルス騒動が拍車をかけるようにして、あっという間に多くの常識がくつがえってしまう現実に、わたしたちは直面しています。

そして、ひと昔前とは比較できないほどの情報があふれ返り、正しいものだけでなく、フェイクと呼ばれる偽物の情報までが世界中を飛び交っています。

1日24時間のなかの大半の時間を、そのような情報にさらされている人も少なくありません。指先で情報検索するだけでなく、今は自分の思いや考えが発信できるＳＮＳ（ソーシャル・ネットワーキング・システム）も充実していますので、二次元の世界にどっぷりはまってしまう人が後を絶たないのです。

「アルゴリズム」や「ターゲティング」という言葉を聞いたことはありますか？

これは、インターネットのなかで主流になっている広告戦略用語のことですが、ようはあなたが検索した言葉（キーワード）を独自の人工知能のアルゴリズム（やり方＝行動の計算方法）と高性能エンジンでパーソナルデータ化し、それに見合った情報をネット側が発信することで、購入意欲へと導くシステムをいいます。

たとえば、自分に合ったスーツやドレスをネットで検索したあと、気づけば画面上に違うブランドのスーツやドレスの広告が現れた、なんて体験はありませんか？

動画サイトを閲覧していると、いつの間にか、すぐ下に似たようなチャンネルや情報が紐づいているような体験は？

ニュースサイトを見ていて、次にネットを立ち上げたとき、妙に自分の興味に合ったものばかりが立ち上がってくる体験は？

これらの大半はアルゴリズムなどで計算され、あなたの興味を物語化した情報となって頭のなかに入ってきます。このような環境下で1日の3分の1ほどの時間を、さらに1年、3年、5年、10年と過ごせば、どのような現象が起こるでしょうか？

「思いが現実をつくる」とは、自己啓発の世界では100年以上も前から言われ続けてきた言葉です。わたしたちが何を思い、何を考え、どう動くかによって、未来はいかようにも変化していく――。

考えてみてください。これまで人間が創造してきた人工物はすべて、ひとつの例外もなく、同じ手順を経て形になっていきました。

思い　↓　行動　↓具現化（現実化）

どんな商品も、どんな食べ物（料理）も、どんな建築物も、自動車や飛行機や巨大なビルディング、カメラやメガネや洋服にいたるまで、最初は誰かの頭のなか、心のなかに**「思い」**としてありました。まるで小さな点のように。その点がつながり合って線となり、線と線がつながることで面が生まれて形をおびます。

もし、自分の思考力でなく、人工知能が導く物語（思い）から発したイメージを描く人ばかりになれば、この世界はどうなるでしょうか？　わたしたちはどんな行動を起こし、そこからはどんなものが具現化されるのでしょう？

そんな状況のなかで、「自分らしく生きる」「自分の言葉で話す」「自分の幸せを考える」なんてことすら思わない（思えない）人が続出する可能性だって十分にあります。


自分の役割や使命に気づいて〝いのち〟を使いきる。

それができるかどうか、わたしたちは今、大きな分岐点に立っている気がします。

これまでなら100年、いや最低でも数十年はかかってきた世界の変化を、たった数年や数か月で味わえる現実のなかで、わたしたちは生きています。

とくに、2020年になって間もなく起きた世界規模でのウィルス騒動は、ほとんどの国での経済活動をストップさせ、膨大な数の失業者を生み出しました。

しかし反面、そのような状況は、わたしたちの暮らし方を根本からミニマムな視点で見つめ直せるよう、貴重なきっかけを生んでくれたとの見方もできるとわたしは思っています。

「情報断食」を実践することでもっと人生の楽しさを味わおう

冒頭にふれた医師の話に戻りましょう。

「自分らしく、自分の言葉で、自分の幸せを」

それを実感するためにも、もっと自分自身を見つめることです。外側に向けていた意識をグッと内面に向け、静けさを拠《よ》りどころに深く降りてみるのです。慣れないことに違和感が生じても、怖がらず、体や心をとおして、唯一無二の存在である自分を知ることです。二次元の世界がつくるフェイクな物語にのみ込まれないように。

そして、自分にとって有効な、使える情報を見分ける感性と目を養ってください。空っぽになることでスイッチが入り、必ず眠っていた能力も目覚めるはずです。

わたしたちはこれから、経験したことのない時代を味わうことでしょう。とくに自然災害の多いこの国では、予想外の現象が日々のなかで起きることが少なくありません。地球規模の気候変動に、心身ともに揺さぶられる出来事だって頻繁《ひんぱん》にあるでしょう。それでも「柔軟性」と「安定感」をできる限り保持しながら、外側ではなく内側に対して、

・なぜ自分がここにいるのか
・なぜこの肉体で生きているのか
・何のために「わたし」は存在しているのか

自分の役割や使命を知るための問いかけを忘れずに、肉体をもってここで生きている楽しみを見つけてほしいのです。「楽《らく》」をするのではなく「楽しむ」のです。

そのためにも、できるかぎり空っぽになって、自分の「意識」を内側へと降ろしてみてください。人生は、きっと好転するでしょう。

本書の構成にふれておきます。

第１章　空っぽになることで深められる世界では、まず初めに自分らしく生きるために知っておいてほしい「３つのこと」について書きました。

第２章　「情報断食」にふれるは、総論的にわたしが取り組んだ詳細から、どんな変化が起きたのか、「情報断食」の全体像について表現した章です。

第３章　すべては深いところでつながっているは、具体的に「情報断食」中に起こった出来事をありのまま順番にまとめました。一人ひとりの人生は違いますので、同じことが起きるとは限りませんが、深いところでつながった出来事は、誰もが体験できると思います。「情報断食」の特徴的な事例としてお読みください。

第４章　わたしたちをとりまく「５つの気づき」は、「情報断食」から知ることができた「５つの気づき」（源泉）を読者の皆さんとシェアすることが目的です。これらの「気づき」を理解することによって、人生で見える景色も変わるでしょう。

コラム　なぜ村上春樹は世界で読まれるのか？　私見ですが尊敬する小説家・村上春樹さんを分析することから、わたしたちの意識がどこに向かっているのかを考察しました。なぜ世界中で彼の作品が支持されているのか、読者の意識はいったい何に反応していくるのかなど、春樹さんを紐解くことから見えてくる世界観をまとめました。

そして最終章である**第5章　未来はきっと楽しい世界へ**では、小さな物語風に本書のポイントをまとめたお話をつくってみました。エピローグとしてお読みください。

もちろん「情報断食」だけが唯一最良な方法というつもりは毛頭ありません。人生を豊かにする手段は他にもたくさんあると思いますので、有益な方法を探してみて、まずはとにかく実践してください。行動することがもっとも大切です。

自分らしく人生を楽しみながら
〝いのち〟を使いきる人が増えますように

この本が、そのためのきっかけになるならば、こんな嬉しいことはありません。

人生を楽しめる人が1人でも増えることを祈って。

著者

目次

はじめに　人生の主役は誰か？

第1章　空っぽになることで深められる世界

第2章　「情報断食」にふれる

第3章 すべては深いところでつながっている

第4章 わたしたちをとりまく「5つの気づき」

第5章　未来はきっと楽しい世界へ

第1章

空っぽになることで深められる世界

第１章のポイント

ここでは導入部分として
「情報断食」を実践するうえで
知っておきたい３つのことにふれます
［これまでの思考］
［幸せに生きてもいい］
［もっと空っぽになろう］

真に自分らしく生きるために知っておきたい３つのこと

この本でチャレンジしてみたいひとつが、**「これまで立ち入らなかった意識の領域にまで足を踏み入れてみよう」**と試みることにあります。

ささっと情報を整理して、ささっと何も考えない時間を過ごし、「はい、これで情報が断食できました〜」という体《てい》のものではありません。簡単なノウハウ本ではないので、あらかじめご了承ください。

「情報断食」を実践してみてわかったのは、これまでに経験したことのない感覚を味わうということです。ふだん、あまり使っていなかった感性も使います。**想像力と創造力**も必要とします。それがどういうことなのかは、順をおって説明しますが、いくつものチャレンジ精神が必要になることは最初に言っておきます。

第1章で知ってほしいのは次の3つです。

ひとつ目は**「これまでの思考」**について知ることです。

わたしたちの思考は、まるでミルフィーユの断面を横から見るような、いくつもの層によっておおわれています。それらは主に**「常識」「固定観念」「限界意識」「ネガティブな言葉」**などで構成されていて、思考をはたらかせるときのお手伝いをします。

そして、それら各層のエネルギー源となるのが**「知識」**の存在です。

知っていることが多いほど、一見、各層は充実しているように見えます。ただ、知識はとても曖昧《あいまい》なものなので、環境によってはもちろんのこと、時代によっても内容や価値が変化します。それはわたしたちの「心」にも似ています。

もう一度書きます。**知識はとても曖昧なものです。**

教育機関（学校）や育った環境から得られた知識の大半は、答えが存在する問いから生まれました（＝答え合わせの教育）。そしてテキスト化された答えの集積をひとつでも多く暗記して覚えられた人が「優秀な人」と賞賛されてきたのが、これまでの時代の特徴です。

目に見えないもの、答えが出にくいものに対して、わたしたちはとても懐疑的でしたし、思考も不安モードになります。それらはいっしょくたに非科学的なものとくくられ、場合によっては怪しいものとして追いやられることもしばしば、でした。

しかし、わたしたちをとりまく「世界」のほとんどは、目に見えない・答えが定まらないものでつくられています。逆に、目に見えているものなど、ほんのごくわずか。そのわずかなところをもとにつくられた、さまざまな「識《しき》」や「念《ねん》」によって、わたしたちは目に見える世界を形づくってきたのです。

そのような背景をもった、わたしたちの「これまでの思考」は、深く独自の考えを導き出すというよりも、ごく表面的な層を使って出来事に反応したり、ごく表面的な層での体験を組み合わせたりしながら、「答え」を出すために使われてきました。

もしその表層が、ほとんど画一的なものばかりで構成されたなら、当然、同じような答えが導き出されるのは言うまでもありません。

「はじめに」でも書いたように、誰かの人生を生きてしまっている人があまりにも多い原因も、そこにあります。人生の最期になって後悔してしまう人が後を絶たないうえ、後悔の内容が面白いくらい共通しているのもうなずけます。

思考とは本来、もっと豊かなものですし、自由なものだとわたしは思います。ところが「これまでの思考」は、とても表面的な、曖昧なものだけが使われることがほとんど、それで解決できることがよしとされてきました。ある意味、それはたくさんの鎖につながれたフタの開かない箱のようなものです。

しかし、**「これからの思考」**では、鎖を解き放ち、フタを開いて、もっと深いところから湧きあがってくるヒントがベースとなった回路が使われるでしょう。選択肢が広がるばかりでなく、感性も豊かになるので人生の彩りも鮮やかになります。

もっと想像力をはたらかせながら、もっと創造力を発揮しながら、生きてもいいのです。わたしたちの本質は、そろそろ、そのことを望み始めています。

思考の「これまで」と「これから」はそれくらいの違いがあるのです。

もっと幸せに生きてもいい
もっとオリジナルな人生でいい

ふたつ目は、**「幸せに生きてもいい」**に気づくことです。

人類の長い歴史をふり返ってみても、わたしたちは**「同じであること」**に異常なまでの美徳を見出してきました。もちろん社会のシステム上、同じであることによって逆に、そこから競争心が生まれやすくなり、それによって消費活動にも拍車がかかり、社会全体を創りあげる（＝未来を創る）ことが容易だったのは明らかです。

とくに宗教と法律の存在が**「共同体という囲いをつくること」**に大きな力を発揮しました。同一性を生み出すために効果的にはたらいたのです。それは、人々の**アイデンティティ**（自己同一性＝自分とは何者か）の形成にも作用しました。

何もないところからアイデンティティが生まれるわけではありません。

それは、画一的な雰囲気のなかから違いを求める力として生まれるものだと思うのです。ゆえにそれは**「自分探し」**の行動を取るきっかけにもなりました。

画一的な囲い↓自分《アイデンティティ》とは何者か（違い）↓自分探し（外側）

そのように「同じであること」が、これまでは「幸福感」にまで及んでいました。幸せへのゴールは一見、同じであるように見えていました。しかし、人生の最期に抱く後悔の念が世界共通であることを反面教師的にとらえるなら、じつは「幸せ」そのものも、ほんとうは一人ひとり違うことがわかります。生き方が違うように。

コンピュータが発達して、それまでの携帯電話がスマートフォンにとって代わるようになってから、いちばん如実に変化したことがあります。なんだと思いますか？

それは**「共同体」という見えない枠組みが外れたこと**でした。

これまで暗黙のうちに分けられていた「世代」「人種」「宗教」「地域」「国」という囲いが少しずつ消え始めて、融合的に物事を進めることがあたり前となったのです。

融合するって、なんでしょうか？　つまり、それは隔《へだ》たりを持たないことです。もっというなら、**分かち合うこと**にもつながります。

もちろん、世界中のすべてのしくみがいきなり一気に変化することはありません。分かち合うどころか、まだまだ人種差別は世界中で起きていますし、いまだに国と国同士の戦争もなくなっていません。

それでも人間は、心の深いところで気づき始めています。

「ああ、これまでとは違う方法で、もっと幸せに生きてもいいんだ」と。

ひと昔前にくらべて「幸せになる」ための選択肢も増えたように思います。何度も書いてしまいますが、２０２０年に入ってから世界中で起きたウィルス騒動によって、多くの人たちの考え方も変化し始めています。

生き方　↓　在り方

どうやって生きていくかという態度や方法から、自分がどう在るのかという存在そ

のものを問う流れになってきたと思います。いうならば、

自分を探す　↓　自分を深める

「探す」という行為のなかには、先にも書いたように「違い（差異）を求める」心根もありました。ところが、もうわたしたちは違いなんて求めなくていいよ、と。これから必要なのは、もっと自分を深めていくことなんだよ、と。深めていく果てに、自分自身が納得する**「幸せ」**とも出会えるのです。

ほんとうの幸せとは、これまでの思考ではなかなかイメージできない、手にできないものでした。それは、けっしてお金では埋められません。さらには地位や名誉でも得られないことは、今では誰もが知っています。

ほんとうの幸せとは、**自分の在り方や〝いのち〟の使い方**のなかに隠れていると思います。そして幸せは人それぞれなのだけれど、どこかみんなに共通していることがある。わたしたちはこれから、それを見出す旅を始めるでしょう。

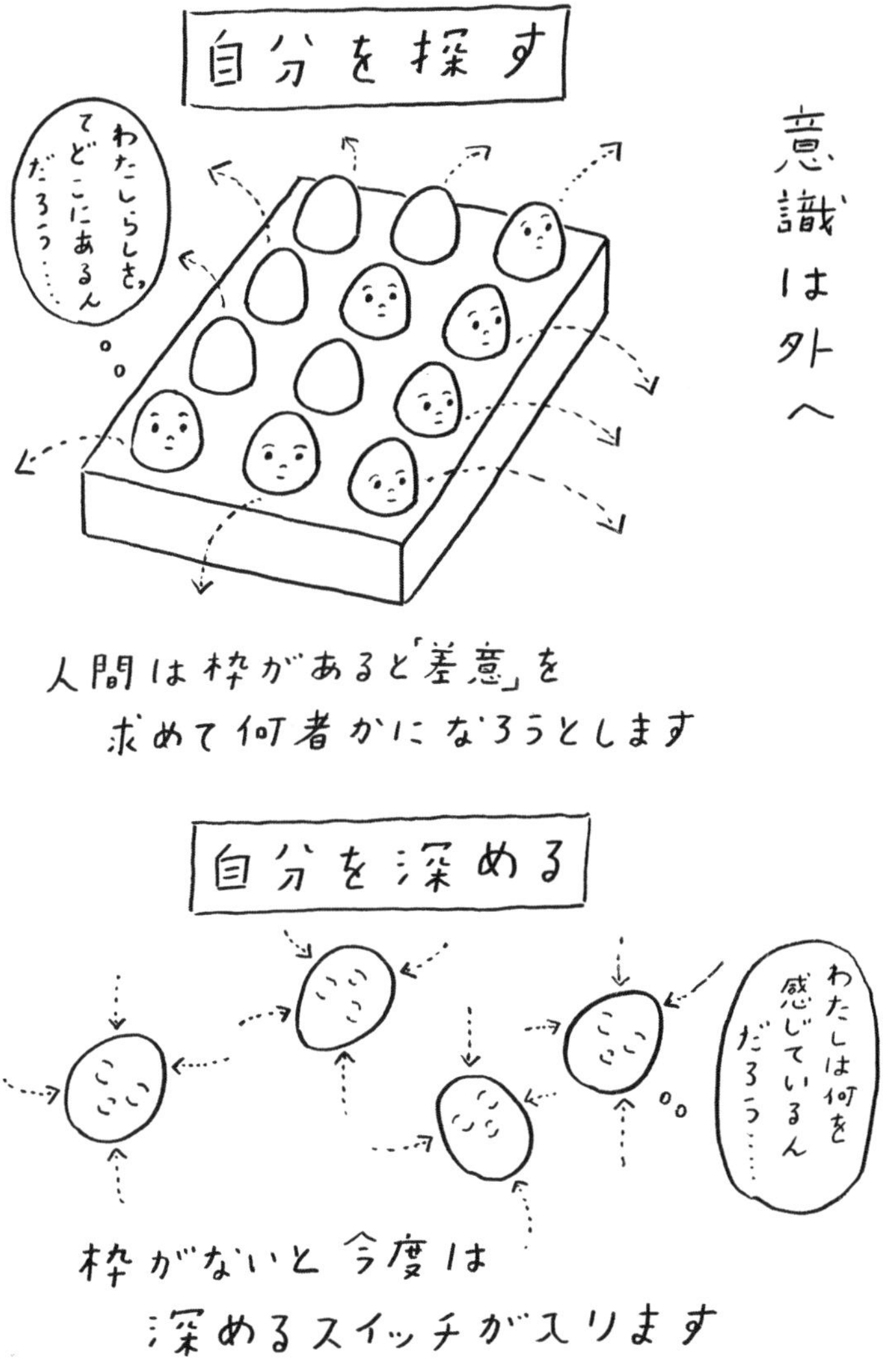
自分を探す
わたしらしさってどこにあるんだろう……
意識は外へ
人間は枠があると「差意」を求めて何者かになろうとします
自分を深める
わたしは何を感じているんだろう……
枠がないと今度は深めるスイッチが入ります

「空」になることを教えてくれたヒューレン博士と伊勢神宮

最後の3つ目は、**「もっと空っぽになろう」**を実践することです。

個人的な体験も交えながら、説明してみたいと思います。

2009年の春頃だったと記憶しています。いろいろなご縁が重なって、「ホ・オポノポノ」を世界中に広める活動をしていた心理学者イハレアカラ・ヒューレン博士といっしょに、伊勢神宮を参拝することになりました。お会いする以前から本を拝読していたので、感激と興奮で胸いっぱいの時間を過ごすことができました。

ホ・オポノポノとは、ネイティブハワイアンの伝統的な問題解決法のことです。

「今、目の前で起こっている現実は、100%すべて自分の記憶（潜在意識）が現実化したものである」

そのような考え方に対して、4つの言葉**「ありがとう」「ごめんなさい」「許してください」「愛しています」**を用いながら、わたしたちの潜在意識のなかに立ち上がってくる過去の記憶をクリーニング（消去）します。

ヒューレン博士は本を通じて、クリーニングすることは、新たなインスピレーションを受け取ったり、誰かとの共通問題を解決したりするセルフヒーリング（心を浄化する）なのだと説いてくれました。本を読みながら「クリーニング」という言葉が、なにか自分を真っさらにしてくれる印象を持ちました。

※２０１０年の春、博士といっしょに『ウニヒピリ』という本を編みましたので、興味のある方はぜひお読みください。

伊勢神宮は不思議な場所でした。

参道は「産道」にもたとえられ、「出戻りはできないけれど、出直しはできる」と、この空洞にたとえられた産道（参道）を通ることで、もう一度、人生を出直すことができるのだと、ある著者から聞いたことがありました。

ちょうどその当時、わたしは精神的に、とても苦しい問題を抱えていました。人生の選択に悩み、頭を抱えながらの数年間、ようやく明るい兆しが見えてきた頃でした。なので、目の前の参道がまさしくほんとうの産道に思えて、心底出直す気持ちで一歩一歩かみしめながら歩いたのでした。

ヒューレン博士を囲んで、総勢6名ほどのグループで伊勢神宮を参拝しながら、わたしはこれからのことをいろいろ考えていました。

仕事のこと、子どものこと。父親としての在り方、自分が進むべき道……。

出版業界に入って、ちょうど干支が1周するほどの時間が過ぎていました。仕事面では、やりたいことも許されて充実していましたが、これで満足する気はなく、次のステージへと進みたい気持ちでいっぱいだったのです。

伊勢神宮の宮司さまのはからいから、参拝後は境内の部屋を使って、みんなでお茶をいただくことになりました。その席で、ホ・オポノポノを説明するヒューレン博士の口から飛び出た次の言葉が、わたしの胸に突き刺さったのです。

「大切なのは、自分のアイデンティティを元のゼロ（空）の状態に戻すことです」

アイデンティティを**ゼロ（空）**に戻す？

先ほど歩いていた参道を思い出しました。木々に囲まれた静かな道。澄んだ空気。

差し込んでくる柔らかな光。そして、ゆっくりと砂利を踏む、わたしの足裏の感触。

伊勢神宮には、四季によって彩り豊かな花を咲かせる植物が、ひとつも植えられていません。１５００年以上、いつ訪れても変わらない姿を、かかわる人たちがひたすら同じ所作をくり返しながら受け継ぎ、ていねいに維持してきました。

だからなのでしょう。わたしは参道を歩きながら、こんな気持ちになっていました。

このまま進んでもいい、立ち止まってもいい。反対に、引き返して元いた場所に戻る選択もできる。どちらでもいいのだ。どちらでも選択できるところにいる感触。

もしかして……。あれがゼロ、すなわち「空」の状態なのかな？


「でも、どうやって、ゼロの状態に戻せばいいんだろう？」

みんなのなかにいながらも、ずっと独りきりでいる気持ちでした。

しかし、気づきの入り口に立っていることがわかっていたので、ドキドキ、ワクワクしている自分もいました。

空っぽになることで見えてくる
ほんとうの自分に必要なこと

気づきのきっかけは、まるで小さな植物の芽のように、その瞬間はわかりにくいかもしれません。しかし、新芽が開いて葉をたくわえ、陽の光をあびながらスクスクと成長するにしたがって、**「ああ、最初のあの種があったからこそ」**だと、いつか必ず、きっかけの存在を思い出すようになっています。

ヒューレン博士と伊勢神宮は、「情報断食」の種のような存在なのです。

博士やごいっしょした皆さんと別れて、1人名古屋駅へと向かう電車のなかでも、動き始めた「きっかけ」は、わたしをとらえて離しませんでした。

モヤモヤした気持ちのまま、何気なく触っていたスマートフォンの画面に、ふと浮かんだ言葉が目に止まりました。

〝自然は真空を嫌う〟

「また空の字だ……。気になるなぁ。どういう意味だろう？」

わたしは以前から、わからないことがあると徹底的に関連づけて調べるクセがありました。たとえ問いの答えがすぐに見つかっても、できる限り周辺の言葉の意味まで調べることで、答えそのものに深みを持たせることができます。

それは古代ギリシアの哲学者アリストテレスの言葉でした。

「自然は足らざるを補う」とも言われているようで、つまり自然が持つ性質として、すべての空間を埋める力が作用することを説いていました。

イタリアの哲学者ジョルダーノ・ブルーノやオランダの哲学者スピノザも、この考えに賛同していたと調べた文献に載っています。

わたしはその言葉を受けて、すかさず頭のなかで仮説を立てました。

「もし……もしも自分の思考を『真空状態＝空っぽ』にすれば、そこに何かを埋めようとする力がはたらいて真空状態をカバーするのではないか。もし、『自分にとって不必要な情報』を捨てて空っぽになれれば、逆に『自分にとって必要な情報』が向こうからやってくるんじゃないか？」

自問自答しながら、ホ・オポノポノやヒューレン博士が説く「ゼロ＝空」の世界観とも合致するようなイメージが広がります。

「では、どうやって空っぽになるのか？」

近鉄電車が名古屋駅に到着し、今度は東海道新幹線に乗り換えて東京へと向かいました。なるべく独りきりになりたかったので、ちょっと贅沢かと思いながらも、人気《ひとけ》の少ないグリーン席を指定して列車に乗り込みました。

座るやいなやノートを取り出し、今日1日で体験したことや、そこで得た気づきと感想、思ったことなどを記しながら詳細を時系列で書き出しました。

まるで勢いよく枝葉が伸びていくように、ノートの見開きにはさまざまな言葉が並べられました。それを書き続けるうちに、あるイメージを言語化しました。

「そうか、食べるものを減らして体内を空っぽにすることで、いろいろな臓器や細胞が活性化されるように、情報を断食して脳内や心のなかを空っぽにすると、真空状態を嫌う空っぽの場所には、自分に必要な情報や人のご縁が入ってくるかもしれない」

空っぽになることと「断食」のイメージが一致した頃、新幹線はすでに新横浜駅を出発していました。大いなる仮説は東海道新幹線のなかから始まったのです。

翌日から数か月の時間をかけて、「情報断食」への準備を始めたことは言うまでもありません。わたしは変わりたかった。それまでの「わたし」から、もっと自分を活かせる「わたし」へと。より自分らしくありたかったのです。

結果、２０１０年の1月から２０１２年の12月31日までの3年間、わたしは生活のなかで、おもに仕事を通じて「情報断食」を取り入れました。

そこから応用したバージョンを5年間、家族やパートナーとの時間をとおして実践し、その後は本書の原稿を書いている今までの2年間、家族や組織を離れた独りの時間を利用しながら人生に活かせるバージョンを研鑽《けんさん》しています。

①「これまでの思考」について知る
②「幸せに生きてもいいこと」に気づく
③「もっと空っぽになろう」と実践する

「情報断食」を実践する前説的に知っておいてほしい3つのことにふれました。
それでは、具体的にどのようなことを実践し、どのような変化を体験したのか。
次章以降、詳しくお伝えしていきます。

静けさのなかで自分を深めよう

第 2 章

「情報断食」にふれる

第２章のポイント

この章では具体的に実践した
「情報断食」の内容にふれながら
初期段階では何をおこなったのか
意識がどう変化したのかをお伝えします

どうやって自分の思考を「真空状態」にするのか？

頭のなかを空っぽの状態にする……簡単なようで難しいものです。

わたしたちは毎日、いろいろなことを考えています。仕事のこと、家族のこと、恋人のこと、友人や知人のこと、そして自分の将来についてなど。

一説によると、人間は1日に約6万回も考えているそうですから、1回あたりに2〜3個考える要素が紐づいているとしても、総じて膨大な事柄に反応しながら思考を巡らせているのがわかります。

さらに、そのうちの90パーセント以上は前日または前々日と同じことを考えているうえに、**大半が「ネガティブな意識」**だというから驚きです。

不安や怖れから価値基準を決めたり、行動の選択をしたり、ものの善し悪しを判断することが大半だそうです。

わたしたち人間の体は**「恒常性」**を好みます。

恒常性とは、体を安定した状態に保とうとする機能のことで、とくに外側の環境の変化に対して、主に神経や免疫系等が作用します。ようは昨日安全だと思ったり、気持ちいいと思ったりしたことは、今日も続けようと機能がはたらくことをいいます。

それを安定化させるための選択を、体は好むわけです。

とくに司令塔である**「脳」**は法則が大好きです。一度でもよいと感じ取ったこと、気持ちがいいと受け止めたことを、何度も続けようとします。

当然、その逆もしかりで、「よくない」と判断したことは極力、排除しようと信号を送るのも「脳」がなせる業といえます。

人間の意識の大半がネガティブだということに諸説はありますが、おそらく、これまで人間が進化してきた過程で体験してきた環境……他の生物からの脅威であったり、戦争などで常に心が平安ではなかったり、目に見えない細菌の恐怖体験があったり。そのような歴史的な体験の積み重ねから、遺伝子に刻み込まれるようにネガティブな意識が受け継がれてしまったのではないでしょうか。

情報断食は
脳との関係性が大切！

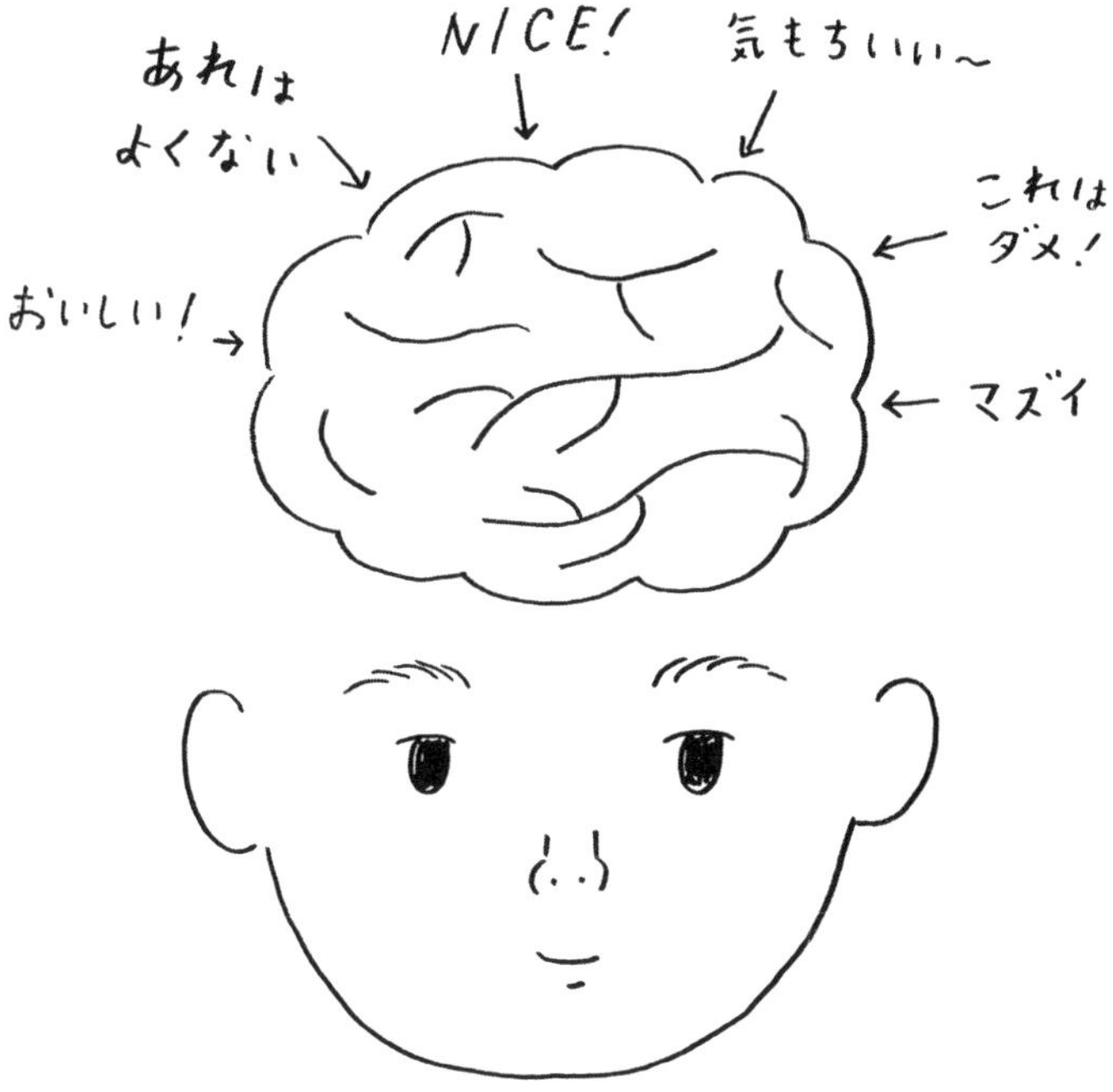

脳は感じたことをそのまま
刻み込んで覚えてしまいます

生きるための「恒常性」ですから、「生きていくぞ！」と強烈に思うことは、つまり生きていくことを阻むものに対しても神経が注がれることは自明の理です。

ましてや、阻むものの存在が当たり前のような環境から生まれる思考や発想は、根っこがネガティブ思考になってしまうことも想像できます。

とくに日本人は、常に自然災害の猛威にさらされる生活をしてきたことから、最悪時を想定するのが発想の根幹になっているのかもしれません。

世界中の誰もが認める「断食」の効用メカニズム

お腹を空っぽにすることは難しくありません。食べなければいいわけです。

わたし自身、これまでに1週間ほどの断食を3回体験しましたが、徐々に食べる物を減らし（準備食）、本格的に何も食べない日を過ごし（水分は摂りました）、ふたたび少しずつ食べ物を口にしながら（回復食）、全身が整っていく体験をしました。

とくに「腸」をはじめとした細胞レベルでの変化には驚くほどです。

「はじめに」でもふれましたが、体で体験する**「断食」**の効果ははかりしれません。食べる物を減らして胃や腸が空っぽになることで、腸内の老廃物や毒素が排出されます。そうなると便通も改善されるうえに、腸がスッキリすることで血液もサラサラとなって血行自体がよくなります。

血行がよくなると全身に栄養が行き渡るようになりますから、免疫力があがり、美肌効果もてきめん。ニキビや肌荒れ防止になることもわかっています。

より効果が見られるのは「老化」に対してです。

わたしたちの体内には約37兆個の細胞がありますが、それらの細胞は日々老化しています。これにはいくつかの要因もありますが、いちばんは呼吸することで酸素を取り入れることから生じる**「活性酸素」**の存在。これがシワやシミだけでなく、糖尿病や糖質異常症、動脈硬化などの生活習慣病、さらにはガンのような疾病にも影響していることが明らかになっています。

体内に増えた活性酸素をいかにして減らすかが、老化や生活習慣病の予防につながるといわれていますが、「断食」によって活性酸素を抑える「抗酸化作用」が起きることもはっきりしています。細胞レベルで変化するので、それがあらゆる部分に影響を及ぼし、その人に合った体のお掃除が施されるわけです。

さらに「断食」は、精神的な安定にも一役かっています。

人間の体内には無数の神経があります。なかでも循環器や消化器、呼吸器など、生命を維持するために自分の意思とは関係なく24時間ずっとはたらき続けているのが**「自律神経」**と呼ばれる神経です。

自律神経には、心と体の状態を活発にする「交感神経」と、逆に心と体を休ませる「副交感神経」のふたつがあります。このふたつのバランスが崩れてしまうと、不安や緊張感、全身の倦怠感が止まらないだけでなく、臓器の活動もおかしくなって体調不良へとつながっていきます。

「断食」には、これら神経を整える効果が抜群にあるのです。

なぜ「断食」に関して、あらためて深くふれたかというと、**「情報断食」**を実践するにあたってのメカニズムや効果、心がまえが、「断食」をおこなうことと非常によく似ているからです。

ふたつの相似点を表にしてみると、次ページのようになるでしょう。

少しずつ食べる物を減らしながら体と向き合っていく「断食」と同じく、「情報断食」でも、いきなり情報をシャットアウトするようなことはしません。

食べる物も情報も、急激に取らなくなってしまうと、かえって細胞や脳が驚いて反発してしまう（求めたくなる）からです。

両方ともに適切な方法（＝順序）があります。

食べる物も情報も、最初は少しずつ**日常のなかで手放していく**のです。

「断食」と「情報断食」の相似点

「断食」

・細胞レベルでスッキリする

・老化現象を抑えて病の予防になる

・自律神経を整えて心身のバランスがよくなる

「情報断食」

・脳と心が休まって穏やかな気持ちになれる

・思考が内側に深まることで
新しいアイデアがわいてくる

・自分の役割と使命が明確になる

日常生活のなかで習慣化していたことをやめる

何を手放すのかを見つけるためには、まず自分自身がどのようなものから情報を得ているのか、その**「情報源」**を洗い出すことにしました。

わたしの場合は、次のようなものから得ていることがわかりました。

◎テレビ

ニュース番組を中心に毎日1〜3時間ほど観ていた。

◎新聞

朝刊は出勤途中の電車内で目を通す。夕刊は帰宅してからザッと読む。

◎本や雑誌

仕事柄、資料として読むものもあれば、自分の好みで読むものもある。冊数にして大体ひと月に5〜10冊程度。それに関連して書店には毎日、足を運んでいた。

◎**インターネット**

主にわからないこと、知りたいことを調べるときに活用。ネットで配信されるニュースもくまなくチェックしていた。

書籍編集者という仕事柄、収集した情報を活用して、そのなかからひとつでも本の企画になるものはないか……まるで獲物を探す動物のように、キョロキョロ、キョロキョロと眼光を泳がせながら常に思考をはたらかせる毎日。今思えば無駄に体力と労力を費やし、非効率に動いていたことがわかります。

そうやって、まずは自分の情報源をピックアップすることで、どのような情報を、どうやって活用しているのかを**「見える化」**しました。

情報源＝思考の大本

その点を明確にすることから始めたのです。

次に、ピックアップした情報源とともに、それが無意識に、日常生活のなかでどうやって「習慣化」されているのかを探りました。

無意識におこなってしまっている人間のクセは、実はたくさんあるものです。注意してみると、そのクセが言葉づかいにも影響していることが少なくありません。

たとえば、よくある例ですが……、

◎「行ってらっしゃい！　気をつけて！」

◎「すみません」

◎「どうせ～」「でも～」「しかし～」

何かにつけ「気をつけて！」と口にしてしまう人はいませんか？　一見、相手を気づかう優しい言葉に聞こえますが、深い無意識の領域では、「何かアクシデントや困難が起きてしまうこと」を想定したうえでの気持ちの表れとも受け止められます。

すぐに「すみません」と言ってしまう人もいますよね。心の深いところに自信のなさがあるからでしょうか。ほんとうに「すみません」と言うべきシーンでは必要な言葉ですが、多用しすぎると逆効果を生みます。
「どうせ〜」「でも〜」「しかし〜」は、相手の意見を否定したり、自分の考えのほうが正しいと表現したりする言葉になりがちです。

これらの言葉の使い方と同様、思考をはたらかせるうえでも**無意識的に習慣化**してしまっていることがたくさんあります。とくに、先ほど挙げた「情報源」をどうやって活用しているのか？　見直してみる必要があります。

わたしの場合、4つのカテゴリー（テレビ・新聞・本＋雑誌・インターネット）に共通していたのが**「ながら見」**でした。それは字のごとく**「別のことをしながら、なんとなく見てしまっていること」**です。ごはんを食べながら、電車に揺られながら、カフェでお茶を飲みながら、なんとなく時間をつぶしながら……とか。

もちろん、肩の力を抜いて、リラックスした気持ちで情報と向き合うことは悪いことではありません。しかし、なんとなくボーッとしながら意識を向けることは、本来の情報収集の意味とはかけ離れてしまう場合もあります。無用な情報までが頭のなかに、それも無意識にインプットされてしまいます。

「時間の無駄づかい」とは言い過ぎかもしれませんが、ただでさえ情報があふれている現代です。せっかくの自分の思考力が埋没してしまう可能性は避けたいものです。

４つのカテゴリーをどうやって使っているのかを客観視して、なんとなくの「ながら見」を意識的に減らすことから始めました。

日常生活の、どんな時間に、どんな場面で、どんなふうに活用しているのか。まずは、そこを見つめ直すことから「情報断食」を実践しました。

ひとつずつ背負っていた荷物を降ろすように

そして、無駄な行動を少しずつ手放し、次に、これまでは絶対的に必要だと思って取り組んでいた**「情報収集のための行動」**を、ひとつ、ふたつ、３つと、手放してみました。いきなりだと、まるでダイエットのリバウンドのように、逆に求めてしまう力が強くなるので、少しずつ、しかし確実に、情報源を手放したのです。

最初に手放したのは**「テレビ」**でした。当時はまだ息子といっしょに住んでいて、リビングには40インチのテレビが置いてありました。

これは後ほど詳しく書きますが、「情報断食」を実践していた最初の3年間、じつは息子の思春期の大荒れに荒れた時期と重なっていて、わたしたち2人がいっしょにリビングにいることはほとんどありませんでした。なので、テレビを処分するというよりは、1人のときはスイッチを入れなかった、というのが正しいところです。

「新聞」に関しては、2010年が明けて間もなくして、購読中止を専売所に伝えました。もともと紙面の隅から隅まで読むというよりは、興味のある記事を読んだり、広告を眺めたり（特に出版業界）が中心でしたので、さほど強烈な抵抗感はありませんでした。

「インターネット」は、スマートフォンが爆発的に普及し始めた時代でもあったので、検索エンジンを使うなどで重宝していました。

ただし、日常のなかでの依存度は今よりも低かった印象があります。

原稿のやり取りや、ちょっとした意見交換はメールを使うことがほとんどだったので、インターネットを手放すことは、仕事的にも難しい選択です。

それをすべて断つことは不可能なので、最低限の使用にとどめました。

いちばんつらかったのが**「本＋雑誌」**を手放すことでした。これには「書店に行くこと」も含まれているので、いちばん習慣化していたことでした。

当然、著者が書いてくれた原稿を編集しながら「本」にすることが仕事の中心でしたので、その行為自体をやめるわけにはいきません。ただ、毎日の書店通いや売れている本の情報収集には、かなりの時間を割いていたのは事実です。

それらを根本から見直しました。


「いい本をつくりたい」

「みんなに読んでほしい。後世にまで読み継がれてほしい」

書籍編集者になったときに抱いていた純粋な気持ちよりも、

「たくさん売れる本で売上をアップさせたい」

「自分には実力があるから、もっとやれるはず」

おごりや過信が初心を忘れさせたのでしょう。

「情報断食」を始めた当時は、「本づくり＝手段」になっていた自分がいました。

何かを成すとき、そのような心根も悪いわけではありません。

自分の欲求がそのままエネルギーになったり、自分の願望達成意欲が行動のきっかけになったりすることは誰にでもあります。とくに仕事への脂がのってくる血気盛んな年代のときに、自分中心で世界を見てしまうのは自然なことだと思います。

しかし、そのようなおごりや過信が、当時のわたし自身の**「本然《ほんぜん》」**ではないことに気づいたのでした。「本然」とは、本来そうであること、という意味です。どんなときにも本然に従って生きると、自然体でストレスも感じずにやっていける。

それは**「その人らしさ」の根幹にあるもの**だと、お世話になった出版社の社長であり、人生の師でもある植木《うえき》宣隆《のぶたか》さんから教えていただきました。

わたしは、自分が何のために本をつくっているのかを自問自答しました。

自分らしくないことは、すぐにわかりました。

本来の自分、わたしらしい感性で「編集力」を生かしたい。

2009年あたりから、そう思い始めた自分がいました。

外からの情報、売らんかなが大前提となった情報から得られるアイデアではなく、わたしだからこそ取り組める仕事がしたい。それが誰かの人生にとって役に立ったり、生きる希望になったり、ヒントになったりするなら、こんなありがたいことはありません。ちょうど年齢的にも40代半ばになっていました。

大好きな「論語・為政」のなかに次のようなくだりがあります。
有名な言葉なので、知っている方もいらっしゃるでしょう。

「子曰《いわ》く、吾《われ》十有五《じゅうゆうご》にして学に志す、三十にして立つ、四十にして惑わず、五十にして天命を知る、六十にして耳順う、七十にして心の欲する所に従えども、矩《のり》を踰《こ》えず」

「師が言うには、わたしは十五歳で学問を志し、三十歳で学問の基礎ができて自立し、四十歳になって迷うことがなくなった。五十歳には天から与えられた使命を知り、六十歳で人の言葉に素直に耳を傾けることができるようになり、七十歳で思うままに生きても人の道から外れるようなことはなくなった」

現代訳にすると、このような意味です。

釈迦、キリスト、ソクラテスと並んで、世界の四聖人と呼ばれる孔子の、死後およそ400年の歳月をかけて弟子たちに編纂《へんさん》された「論語」のなかに、年齢（世代）と共にどう生きるか、どう在るかが書かれていたのです。

昔から好きだったその言葉をあらためて読みながら、

「四十にして迷わず……果たして自分は、どうだろうか？」

「五十にして天命を知る……そんな境地になっているだろうか？」


自分だけの欲求から願望を達成するべく生きていないか。そして何よりも、自分の息子世代の人たちに対して恥じるような生き方をしていないだろうか？　そんなことまで考えました。

自分の思考を整理することで本来の自分を取り戻し、今生での役割や使命を知りたい！　「情報断食」にチャレンジしてみた理由もそこにありました。

２０１０年の１月から始めた「情報断食」ですが、情報源を完全に手放すまで、およそ2か月の時間を費やしました。

この日数にかんしては、きっと個人差があると思います（情報量にもよります）。

あくまで、食べ物でおこなう「断食」と同じように**【準備食→断食→回復食】**と、そんな流れをイメージしながら情報を絶っていきました。

思わぬ禁断症状に心と体がふるえた

「禁断症状」とは何やら怪しい表現ですが、「情報断食」を始めた反動は、すぐにやってきました。それまで1年３６５日､毎日習慣化していたことをやめるわけですから、脳も「あれ？　今日はやらないの？」と全身の神経に信号を送るのでしょう。

朝目覚めるとテレビのスイッチをつけたくなりましたし、電車に乗ってつり革を持っていても、なんだか手持ち無沙汰で行動の収まりを悪く感じました。

「情報断食」とは「脳」との戦いです。

別に勝ち負けを決めるものではありませんが、わたしたちの日常生活のなかで、いかに「脳」という部分がいろいろなことをインプットし、決定し、指示を出しているのか。習慣化していることの原因の大半は、「脳」が決めているといっても過言ではありません。

「情報断食」を実践していて、いちばん苦しかったのが、書店に行かないと決めたことでした。これは予想していましたが、想像をはるかに超えて心と体が反応しました。「脳」が書店に通うことを心地よいと思っていたからです。

毎日書店に通いながら、何が売れているのか？　どんな新しい本が出たのか？　どんな著者なのか？　ブックデザインは？　なんてメモを取りながらやっていたわけですから、それを断つのは苦しみを伴います。「脳」が習慣化を欲します。

会社の椅子に座っていても、なにやら落ち着きません。

実践し始めた頃は、無用に席を立ってみたり、社内を歩いてみたり、トイレに行って顔を洗ってみたり。外に出ると、ついつい書店に行きたくなりますから、昼食も手づくりの弁当を持参するほど。

習慣化していることのなかにいる安心感。

それを手放してみると、急に自分1人が孤独になった気がして、それまで付き合っていた仕事仲間や友人知人と会っていても、自分だけが取り残された空間に意識だけ遠く存在しながら接しているような気がして、相手が話す言葉の一つひとつにも素直に反応できないでいる自分がいました。

最初の1~2か月は、寝つきも悪く、つい夜更かしすることもしばしば。かといって本を読んだり、ネットサーフィンしたりはしませんから、ボーッと寝室の天井を見つめながら、自分の人生を振り返ってみたりしていました。

とにかく最初の頃は散漫になる気持ちを鎮《しず》めるため、よく手のひらをギューッと握りしめては意識を「今」に集中させたり、夜道をジョギングしたり、日中はよくガムを噛んだりもしていました。

手放した習慣を何度も求めてしまう欲求が湧きあがってきましたが、「ここが踏ん張りどころだ」と、何とか言い聞かせて抑えながら、生活に目を向けるようにしている自分がいました。

「生活」とは、**自分が生きている実感を持つこと**にほかなりません。

なので、よく両足を地面から浮かせるようにして、小さなジャンプをくり返しました。今、自分はここに立っているのだ、と。地面に両足をつけているのだ、と。

まるで確認するように、いたるところでジャンプをしまくりました。

今振り返れば、「情報断食」を実践してみる前は、がむしゃらに情報を集めることが、ただの安心感になっていたような気がします。

とくにお腹が空いているわけでもないのに、なんとなく無意識に食べ物を口にするのと同じように、ただ自分の本質を見つめることを誤魔化しながら生きていた……そんな気がします。

情報を集めることで納得させようとしている自分がいたと思います。

意識を身近に向けた瞬間から感性の成長は始まっている

遠くへ向けられていた意識が近くに戻ってくる……。

情報源を手放して2か月が過ぎた頃、とくに実感したことでした。

会社のことと自宅のこと、とにかく忙しくしていた毎日なので、常に意識が外へ外へと向かっていたのは確かです。今思えば、まだ小学生だった当時の息子のことも、見ているようでまったく見えていなかったと思います。もっといっしょになって遊ぶべきだったと、今頃になってよく思うほどです。

2010年の3月。「情報断食」を始めて2か月半が過ぎた早春の頃に、小学生だった息子が卒業式を迎えました。息子との生活は、決して平坦な道のりではありませんでした。彼が幼少期に、病で母親を亡くした我が家の環境は、子どもの心を育てるには大変厳しかったと思います。

4月から中学生になる姿を思い浮かべながら、彼が歩いていく未来が、この春の陽気のように明るく健やかであることを願いましたが、まさか数か月後に嵐のような数年間が幕を開けることになるとは、そのときは1ミリも想像していませんでした。

思えば、すべては「情報断食」の効果だと今はわかるのですが、それを理解するには10年近い月日の流れが必要でした（第3章を参照）。

我が家の変化とは裏腹に、「情報断食」中のわたしの生活スタイルは、とてもシンプルなものになっていきました。

先にも挙げた4つの情報源とは一定の距離を取りつつ、自分の仕事圏内もしくは生活圏内の**半径10メートル内で起こること**に意識を向けるようになったのです。

たとえば、住んでいたマンション内に咲いている花の色合いやたたずまい、ユニークな木々の形、太陽や空に浮かぶ雲、毎日感じる風の違いなど、それまでは意識すら向けていなかったものに、自分の感性が反応するようになっていきました。

「わたし」は……、

どんなことやものに惹かれるのだろうか？

どんなことやものを美しいと思うのか？
どんなことやものが好きなのか？
どんなことやものに心が動くのか？

少しずつ知りたくなってきました。
とても新鮮な感覚でした。自分へと意識を向けた瞬間から、これまで毎日見てきた景色のはずなのに、まったく見え方が変わったのです。漠然といろいろなことから情報を集めていた意識が、ごく身のまわりのことへと向き始めたとたん、軸が自分に戻った感覚です。同時に、それは、少しずつ**ていねいな生活を心がけよう**とする気持ちを芽生えさせる、大きなきっかけにもなりました。

人間の意識って、ほんとうに面白いものですね。
10年近く「情報断食」と付き合ってきて、心からそう思います。
「情報断食」とは、**最大限に自分の「意識」と向き合うメソッド**といえます。
そして、それは**自分の感性を最大限に育てるメソッド**でもあります。

人間の人生って、つまりは「意識しだい」といっても過言ではありません。「意識」が生まれる大本は**「感性」**です。感性の持ち方によって意識は変化します。感性とは、主に**「五感」**のことです。

◎視覚：どんなものを見る（観る）のか
◎聴覚：どんなものを聞く（聴く）のか
◎嗅覚：どんなもの（匂い）を嗅ぐのか
◎味覚：どんなものを口にする（食べる）のか
◎触覚：どんなものにふれるのか

これら感覚の使い方によって**「意識」**や**「思い」**は大きく変わっていくのです。

どんな「意識」と「思い」を持つかによって、選択する行為の**「質」**が決まります。「質」とは、それぞれの人がそれぞれに学べる場所を決めることにもつながるでしょう。学べる場所に、いい悪いや上か下かはありません。その人が、最も成長するために自分で**「環境」**を選ぶのです。それはひとつの真理ですから覚えておいてください。

「意識」や「思い」が環境を決めていく

そのためには自分の「五感」を常に磨いておく必要があります。先に挙げた5つの感性を毎日意識しながら研ぎ澄ませていくことで、「意識」や「思い」も変容していくのです。とても重要なことなので忘れないでください。

感性を磨く ↓「意識」や「思い」が深まる

感性と意識は、いつどんなときもつながっています。

感性が豊かになることで意識は無限に成長します。感性の成長には終わりがありません。あなたが望めば望んだだけ、永遠に成長し続けるものなのです。

もし、感性と意識がつながっていなければ、何を見ても、何を聞いても、何を嗅いでも、何を味わっても、何を触っても、その感覚はあなたを通り抜け、何もなかったような存在となるでしょう。とても、もったいないことだと思いませんか？

「五感」を最大限に使うことで
「意識」や「思い」が成長します

「風とつながる瞑想」によって耳がとらえる音から感性を磨く

自分がどんなことやものに惹かれ、美しいと思い、好きになって、心が動くのか？　それまで生きてきて、あまり考えたことがありませんでした。もっというなら、自分が生きていることはわかっていても、「生きている実感はあるか？」と問われれば、それも曖昧だったと思います。

ようは、意識がいつも遠くに行っていて、近くにないぶん、**生きている実感＝生活感覚**が薄かったのでしょう。

先に書いたように、半径10メートル内で起こることに意識を向け始めたことで、より生きているリアリティが感じられるようになりました。

当時、とくに頻繁に実践していたのが、住んでいたマンションの敷地内の広場に座ってやっていた瞑想でした。これは以前、ある編集者の大先輩から教わったアメリカ・インディアンに伝わる古い教えを自分なりに受け止めたもので、くり返せばくり返すほど感性と感覚が研ぎ澄まされるのがわかりました。

なるべく静かな状態の環境を選んで、広場の一角に座ります。人影も少なく、少しだけ風が吹いている日なら最高です。胡座《あぐら》をかいた姿勢でリラックスし、両手を広げて膝のあたりにそっと置きながら、目を閉じます。大体のイメージですが、自分を中心軸として、円で取り囲むイメージを描くように。鼻呼吸で息を吐き、ゆっくり吸い込めるだけ吸い込んで、ふたたび静かに鼻から息を吐きます。時間をかけて……。

聴覚に意識を向け、まずは体内のリズム——呼吸の音、心臓の鼓動、感じることはできないけれど細胞一つひとつが動いている様子を意識でなぞりながら、今度は自分の体の外に出て、意識そのものを広げていきます。

まずは目算で半径10メートルの世界に耳を傾ける。

以前、沖縄の版画家・名《な》嘉《か》睦《ぼく》稔《ねん》さんといっしょに本を編んだとき、彼が沖縄の見晴らしのいい山のうえの岩に座って海を眺めながら、

「七沖さん、風はね、伝言《イアイ》を運んでくれるんですね。遥か彼方で起きたこと、鳥たちのささやき、天候の変化とかも。こちらに聴く姿勢が整っていれば、いろいろな情報が伝言となってやってくるのです」

そう言ってくれたのを思い出しました。都会に建つマンションの中庭の広場で、どんな伝言が聴けるのか？　わたしたちの目が意識していること以上のものをとらえているように、わたしたちの耳も、じつは聴こえている以上の音を受け止めているはずです。ただ、わたしたちがそれらを認識しているかどうか、です。

静かな気持ちで目を閉じて聴覚をひらきながら、風とつながって音を聴く。ただ、それだけの行為なのですが、たくさんの発見がありました。木々が擦れる音、人々の咳払い、赤ちゃんの泣き声、人々の笑い声、車のエンジン音、工事現場の摩擦音……。そして、毎秒行き先を変えるような風の繊細な動き。

19世紀のイギリスで活躍した女流詩人、クリスティーナ・ロセッティの詩を思い出しました。彼女は人道的な観点から、奴隷制や売春、動物実験等に反対した人でもありました。優しい言葉で身近な出来事や物事を詩にしました。

１８７２年に彼女が書いた「風（wind）」という作品があります。日本では、やはり童謡詩人の西條八十《さいじょうやそ》さんが翻訳し、唱歌としても歌われて親しまれました。

誰が風を見たでしょう？　Who has seen the wind?
ぼくもあなたも見やしない　Neither I nor you:
けれど木の葉をふるわせて　But when the leaves hang trembling,
風は通りぬけてゆく　The wind is passing through.

誰が風を見たでしょう？　Who has seen the wind?
ぼくもあなたも見やしない　Neither you nor I:
けれど樹立ちが頭をさげて　But when the trees bow down their heads,
風は通りすぎてゆく　The wind is passing by.

のちに宮崎駿監督のアニメ作品「風立ちぬ」でも紹介されたので、知っている人もいることでしょう。風は目に見えないけれど、あるものの動きを介して知ることができる。きっとロセッティの感性は、風がさまざまな情報を、音を介して届けてくれることを知っていたはずです。

風の音をとおして自分を
取り巻いている自然を理解します

目を閉じて、瞑想をするような気持ちになっているので、ロセッティの詩が教えてくれるような、何かを介した姿から風を感じ見ることはできません。けれども、風とつながって、そこに乗ってくる「音」を聴覚から受け取ると同時に、全身の毛穴や感覚から風そのものを味わうことによって、頭のなかの想像力は全開になります。

そして肝心なことは、鼻呼吸をしているときに入ってくる、嗅覚がとらえる風の匂いです。ちょうど季節は春先だったので、春風が運んでくる新芽のほんのりと青い息吹の香りだったり、もし夏ならば暑さが演出する草いきれの香りだったり。そのような香りも、とらえる音の輪郭に添えていくのです。

イメージのまわりを優しく包み込むようにして。

視覚を休めて、聴覚や嗅覚、触覚などに意識を向けながら**「風とつながる瞑想」**を実践していると、日々の暮らしのなかで、それまでなら日常的に使っていた思考とは、まったく性質の違った感性から思考がはたらき始め、物事をとらえるようになります。

たとえば（わたしの場合は、ですが）、魚屋で魚を見たとき、それまでなら、ただ「魚」とだけ認識していたのが、その魚がどんな環境の海で、どんな泳ぎ方をしながら、どうやってこの店に来て、今わたしの目の前にいるのか……そんなことを無意識に思ってしまうようになりました。

今でもときどき「風とつながる瞑想」を実践しています。今の住まいの近くにある浜辺で行うとき、海風が運んでくれる音は体の深いところまでしみ込んで、わたしの意識を遠い彼方へと誘ってくれることもしばしばです。

自分の「アンテナ」を立てて情報と感性を結びつける

わたしたちが営む社会は、目で見えるものを中心につくられてきました。

感性が使われる割合の諸説はいろいろあるものの、世のなかの人間の大半は、視覚からの情報に頼って生きているのは間違いありません。飛び交うさまざまな情報を見ても、やはり視覚を使うことで得られるものばかりです。

しかし、先にも書いたように、わたしたちは5つの感性を持ち合わせていて、そこから得られた情報が**「意識」**や**「思い」**とつながっていることも間違いのない事実です。人類がもっと野性的に生きていた時代は、今よりも全身の感覚を研ぎ澄ませながら生活していたでしょうし、そうでないと生きていけない環境が長かったことも歴史を見れば明確です。

「風とつながる瞑想」では、聴覚を鍛《きた》える実践法をお伝えしましたが、日常生活のなかで残る**「嗅覚」「味覚」「触覚」**を鍛えるには、どうしたらいいでしょうか？

わたしは、なるべく自分が持っている五感を日常的に使うために、次の言葉を肝に銘じながら、ときには声にも出して意識しました。

自分の「アンテナ」を立てよう！

テレビやラジオが電波をキャッチするためのアンテナ、または車のルーフパネルに立ったアンテナなど、自分がイメージしやすいものなら何でもかまいません。

頭の上、またはこめかみの辺りからアンテナが立っているイメージを持つようにしていました。意識的に次のような言葉を口にしながら、

「よし、アンテナがキャッチしたぞ！」
「今の感覚って、アンテナはどうキャッチしたのかな？」
「アンテナを張るぞ～～～！」

まるでイメージを具体化するみたいに、まずは言葉で表現することで「脳」にも自分自身にもインプットすることを心がけたのです。

もちろん、実際の頭やこめかみから、アンテナが出ているわけはなく（笑）、あくまでも自分が勝手に描くイメージ遊びですが、それでもけっこう効果は抜群です。

アンテナのイメージによって、自分のなかの感性にスイッチが入りやすくなり、それが「意識」の発動にもつながります。**直感も見違えるほど冴えてきました。**

アンテナの感度がよくなると、まるで国内はもちろん、海を越えて海外からの電波までキャッチするような感覚で、受信できる情報の幅が広がります。いったいどのような情報がアンテナにやってきたのかは、「第3章」に詳しく書きました。

伊勢から名古屋へと向かう電車のなかで目にしたアリストテレスの言葉、

〝自然は真空を嫌う〟

あの理屈です。空っぽになったなかに何が入ろうとするのか？　初めは受動的に待っていても勝手に何かが入ることはほとんどありません。

そこでアンテナの力を借りるのです。日頃から感性の力を磨いておいて、ピカピカに張ったアンテナがキャッチした情報を、さらに磨かれた感性をもって判断する……その連携プレーのくり返しです。

直感が冴えると書きましたが、ピッと浮かんだアイデアや、スッと入ってきた情報が、どんな性質で、どんな意味があって、どんなことに広がっていくのか、仮説のような物語（ストーリー）が瞬く間に直感によって整うのです。

もちろん、空っぽ＝真空状態に入ってくるものには、一見、よくわからないものもありました。「どうして今これなの？」解釈に悩むこともしばしばですが、そんな状況に慣れてくると、時には寝かせておくことも必要だと、心のスペースにしまっておく判断ができるようになります。

「情報断食」に慣れてきて、感性も意識も豊かさに満ちてくると、思考のなかにスペースができるのを感じました。わたしはそれを**「心の遊び場（ストックスペース）」**と呼んでいました。

「心の遊び場」にストックした情報をパズルのように組み立てる

「情報断食」を実践して4か月を迎えたあたりから、禁断症状的な苦しみは消えました。それよりも、感じるままを、降りてきた直感を、ふと浮かんだアイデアを、たまたま偶然出会った人の縁を、そして「これは？」と五感で思えた情報を**「心の遊び場」**に収めておくことが日々当たり前となってきたのです。

その頃になると、「情報断食」も板についてきて、自分から情報を収集しに行くよりも、情報のほうから飛び込んできてご縁を感じたり、湧いてくるアイデアに対して素直な気持ちで向き合えたりするようになりました。

自分が主体的に動くことよりも、**必要な「情報やアイデア」が向こうからやってくる**感覚がわかるようになったのです。

もちろん、確認はしていきます。

確認というのは、その情報やアイデアが、自分の我《が》なのか、ちゃんと「情報断食」を実践したからやってきたものなのかの選別です。そこは絶えず直感的に判断する場合だけじゃなく、時間をかけて見定めることも多かったです。

慣れない頃は、半信半疑のまま、言葉では表現できない感性の声に従って、ストックされた情報を解いていきました。まるでパズルを組み立てるようにしながら解くのです。情報と情報、情報とアイデア、アイデアとアイデアなど、ピースを合わせながらしっくりする気持ちを探ります。

なかなか、しっくりいかない場合もあります。

逆に、答えがすぐにわかる場合もあります。

数週間後、数か月後、ヘタをすると数年という時間を経てから、「これと、これが、こんなふうにつながっていくのか！」

愕然とすることも何度かありました。

すぐにわからないものは、じっくり育てる気持ちで接します。焦りは禁物です。「情報断食」によって得られた情報は、つながっていることがほとんどなので、あまり詮索せず、起こった事実を受け止めるようにしました。

おかしな話ですが、放ったらかしておいた情報そのものから勝手に小さなアンテナが生まれて、関連する情報を拾い始めることもありました。新しくやってきた情報たちが、その小さなアンテナに反応しているのに気づいて驚いたこともあります。

そのような感性や感覚がしっかりと動きやすいようにするために、次の3つに気をつけてください。

①いつも心のなかが穏やかで静かなこと
②何事も素直な気持ちで受け止めること
③なんでも面白がれる遊び心があること

これが維持できていないと、せっかくストックした情報やアイデアも、疑問を持つようになったり、うまく組み合わせられなくなったりします。

人生のなかで組み合わせを確認していく楽しみ

本書の冒頭にも書きましたが、わたしの職業は「編集者」です。編集と聞くと、なにやら雑誌や本をつくる人、または映像や音をつなげる人などの印象をもつ人が多いと思います。もちろん、それは間違いではありません。ただし、わたしの感覚でいうなら、それは編集のひとつの役割に過ぎないのです。

編集とは、何かと何かを組み合わせることによって、**新しい価値を生み出す**ことです。その組み合わせを楽しむことで、どんどん価値が広がっていきます。

日本人には、編集能力に長けた国民性があります。

たとえば大豆と麹《こうじ》菌と塩を組み合わせる（編集する）ことで、発酵させて味噌をつくってきました。その他にも、中国大陸から取り入れた「漢字」に平仮名や片仮名を加えて（編集して）言葉や文字を豊かにすること。宗教やさまざまな伝統文化を、自国の風土や属性に適応（編集）させながら生活に取り入れることなど。

何もなかったところから、新しいものをつくることは苦手かもしれませんが、今目の前にあるものをもっとよくするための価値をつくるのは得意だと思います。「情報断食」によって、自分に必要な情報やアイデアがやってきたら、組み合わせ（編集）をする楽しさを味わってみてください。ささやかな実験をするような気持ちで構いません。

「あれ、ちょっと違ったなぁ」とか「なんだかしっくりくるけど、もう少し違うエッセンスを足してみよう」とか。まるで料理をする感覚で確認してみればいいのです。

わたしが体験した「情報断食」で起きたことは「第3章」に詳しく書きました。

・ドキュメンタリー映画をつくる
・息子が不登校になる
・他社でボツになった小説を本にする

この大きな3本柱一つひとつに、さまざまな要素が（一見関係のないものまで）紐づいてきて、それも同時に起こるものですから、何が何やらわからなくなっていました。渦中にいるとわからなくなることも多いのです。

ところが、静かな心持ちで全体を眺めているうちに、

「今なぜこれが起きているのか？」

「これとこれは何のために現れたのか？」

「ということは、これとこれを組み合わせたらいいのか？」

「あれは、何と関連しているのか？　やっぱり、そうか！」

少しずつ謎が解ける体験をしてきました。

「情報断食」を実践しながら、組み合わせ（編集）の楽しさも体験してください。

なんでも面白がれたら
サイコ～

第3章

すべては深いところでつながっている

第3章のポイント

この章では「情報断食」を始めて
実際にどんなことが起きたのか
実体験を時系列で紹介します
深い世界へと入っていくなかで
味わったいろいろなことの真相とは？

急にアイデアが降りてきた「よし、映画をつくろう！」

「情報断食」を始めて、日々の生活スタイルも安定してきた4月中旬頃の休日だったと記憶しています。当時住んでいたマンションの中庭で**「風とつながる瞑想」**を実践していました。

わたし自身が5月生まれということもあって、四季のなかでも春がいちばん好きな季節です。植物たちが織り成す深い新緑は、見ているだけで心を豊かにしてくれました。そして、目を閉じながら春風に体を預けていると、どこまでも意識が広がっていく感覚を楽しむことができました。

中庭の一角にヨガマットを敷いて座り、いつものように目を閉じてイメージで円を描いてから、一つひとつの音を確認していきます。

何分ほど経った頃でしょうか。

突然、スッと降りてくるように、頭のなかにキーワードが浮かんできたのでした。

「よし、ドキュメンタリー映画をつくろう……」

いきなりです。自分でもびっくりしました。

「よし」って、何に対する意気込み？　それに映画って何？　みたいな。

今でもそうですが、「情報断食」をやっていると、突然、何の脈絡もなく思いもよらない言葉や感情が湧き上がるようにやってきます。

最初の頃はとにかく面白くて、逐一ノートにメモしました。あとで答え合わせをしようと見直すのですが、当時はまだ慣れなくて、言葉の意味を詮索したり、無理やりこじつけたりと、作為的に誘導しようとする自分がいました。

あの日、「風とつながる瞑想」で湧いてきた〝映画をつくろう〟というキーワードも、ほんとうに「情報断食」から湧いてきたことなのか、それとも自分の願望がつくりだした言葉なのか、半信半疑のまま目を閉じて座りつづけました。

昼下がりの中庭には、こどもたちの遊ぶ声や音があふれていました。

その声や音に、浮かんできた言葉が絡みつくように共鳴しています。まるでお寺の鐘をついて、すぐ近くで音の響きを楽しんでいるみたいな感覚です。

それは、映画をつくって映画監督になりたいってこと？　NO！
それは、大手の出版社みたいに映画制作事業に乗り出したいってこと？　NO！

「映画って、いったいどんな映画をつくるんだろう？」

じつは高校生の頃からドキュメンタリー映画が大好きで、よく観に行っていました。しかし、商業映画が上映されるような大きな劇場ではなく、そのほとんどは50〜80人も入れば満員御礼となるような小さな映画館。それも満席ならいざ知らず、ほとんどが数えるくらいの観客動員数でした。

ですので、ドキュメンタリー映画で利益を稼ごうという気持ちは、微塵《みじん》もありませんでした。ではなぜ、映画をつくろうと思い立ったのか？

ただの思い付きではない引っかかりが、フックのようになって心を持ち上げます。

そこが「情報断食」の不思議で、かつ面白いところなのです。

当時は、その数年前から書籍の編集と並行して、職場のスタッフといっしょに著者の講演会やセミナーを企画し始めていました。

本と読者は1対1の関係です。どれだけ手掛けた本がたくさん読まれようと、読者の皆さんが本と向き合っている姿を、わたしたち編集者が眺めることはできません。

どんな人が、どんな気持ちで本を手に取って読んでくださるのか、わたしは知りたくて仕方ありませんでした。

講演会やセミナーなら、会場に足を運んでくださる人たちとふれ合うことができます。そこで2007年11月3日、700人は入場できるホールを借りきって「生命《いのち》の輝き発見セミナー」というイベントを立ち上げたのでした（イベントは2014年まで毎年続きました）。

実際、のぞみどおり読者の皆さんとふれ合うことができて、さまざまな交流も生まれました。自宅の庭に咲いた花を「どうぞオフィスに飾ってください」とわざわざ届けてくださる方が現れたり、「毎年1回だけ、このイベントに参加するのを楽しみにしています」と、ふだんは高齢のためほとんど地元から外に出ない人から声をかけられたり、毎年ご当地の名産品を届けてくださる方や、在籍していた出版社の本が刊行されるたびに購入してくださる人が現れたりと、開催した効果は年々高まりました。

おかげさまで毎回、満席かそれに近いお客様が来場してくださいました。

スタッフも一丸となって、いかに喜んでいただくかを第一に考えていたので、毎年とても完成度の高い内容となりました。

しかし……自分の深いところ、奥の奥に潜んでいる部分で何か納得していない気がしました。何かが違う、何かが足りていない。

イベントは当然ながら講師の体がひとつしかないので、1か所でしか開催できません。しかし映画なら同時にいろいろな場所で開催できる。


「情報断食」をやっていると、自分にとって必要なこと、チャレンジしたほうがいいことの情報が、主体的に向こうからやってくることがふえます。

引き寄せとはまた違った感覚なのですが、ほんとうに「自然は真空を嫌う」ではないけれど、空っぽになった空間を埋めようとする力がはたらいて、「わたし」に必要な情報やアイデアが向こうからやってくるのです。

やってもいいものにはオッケーサインが頻発する！

「情報断食」を実践していて、ふと湧いてきた思いやアイデアがエゴから出てきたものなのか、それとも自分の役割として必要なことなのか。または、今やるべきことなのか、もっと先でもいいのかなど、すぐに見分ける方法があります。

必要なときは、湧いてきたことに対して、より深く掘り下げる気持ちを大切にしていると、いたるところに**「やってもいいよ！」**というオッケーサインが現れ始めることです。一歩一歩と実現に近づくのがわかります。超ゴーサインのときは、面白いほど一気です。ほんとうに気持ちよくいたるところにサインが現れるのです。

逆に、湧きあがってきたものの、時期が早かったり、まだまだ時間をかけたほうがよかったりする場合などは、なかなか意見が通らない、打ち合わせがこじれる、トラブルが発生するなど、これ以上は進めない、進んではならないサインが出ます。

どちらのサインにせよ、何度か場数を踏んでいるうちに塩梅《あんばい》がわかるようになります。人によって判断基準が身につく頃合いは違うでしょうが、わたしの場合、正確に実感できるまでには3年以上かかりました。

今回の「映画をつくろう」には、驚くほど頻繁にオッケーサインが見えました。まずは、当時親しくしていた映画制作経験者に相談をしてみたところ、ふたつ返事で承諾をいただきました。わたしはまったくの素人だったので、撮影と編集には彼の技術が必要です。全体の構成案を立てるにあたっても力をお借りしたい。

作品内に流れる音楽もオリジナルにこだわりたかったので、知り合いの音楽家に打診をしてみました。やはり即答で「ぜひ!」と返事をくれました。

職場のスタッフも最初は半信半疑でしたが、かといって反対する理由もなく、「会社が大丈夫なら」とチームづくりに協力してくれました。

残るは出版社の社長です。想定内ですが、第一声では反対されました。なので、映画の内容を納得していただくというよりも、かかる経費、利益が出るシミュレーション(損益分岐点)、制作することによって会社が受けるメリット(宣伝効果)などをプレゼンしました。そして、結果的にはプレゼンしたその日に承諾の返事が出ました。

中庭でアイデアを受けてから約3か月で制作発表をする運びとなったのです。

書籍編集者がつくるドキュメンタリー映画のタイトルは『SWITCH《スイッチ》』。

完成予定は2011年の3月。映画の主人公は、企画した初のセミナーにもご登壇いただいた筑波大学名誉教授の村上和雄博士と決まりました。

長年に渡って村上博士が研究してきた軌跡……さまざまな環境や要因によって遺伝子のスイッチがオンになったりオフになったりする秘密をベースに、人間の可能性は無限にあることをテーマとした内容です。

2010年の11月には、完成記念初上映会の日程が決まりました(翌年の3月26日・大安の土曜日)。会場は「紀伊國屋サザンシアター」で収容人数は550名です。

じつは、まだまったく撮影が進んでもいないにもかかわらず、同年の12月には、発売した前売りチケットがすべて完売してしまうという嬉しい悲鳴に見舞われました。

その後、撮影自体はすべて終了したものの、全体の構成案はまだ決まっていませんでした。結局、完成記念初上映会をあと約2週間後に控えた2011年3月9日。「これでいこう!」とシナリオが決まりました。ところが、その2日後の午後……。

未曽有の大災害となった、東日本大震災が起きてしまったのです。

大人の紙芝居がつくり出した「リアルな場」という希望

開催が危ぶまれましたが、震災の起きた約2週間後、予定通り完成記念初上映会がおこなわれました。一部ではまだ余震も続く状況でしたが、550名満員御礼。会場は緊張感に包まれるなか、上映後は村上和雄博士の記念講演会まで開かれました。

何とかして全国から駆け付けてくださった観客の皆さんは、心からこの日を喜んでくれました。そして4月からスタートした映画の自主上映には、その年だけで全国90か所近いエリアからの申し込みがあったのです。

かかった制作費を上回る収益だけでなく、この作品が、大震災で痛みを受けた人たちの心の傷を優しく癒してくれる役割を担ったことが、寄せられた感想の声からもわかりました。

全国の方々より数えきれないほどの感謝の声やお手紙をいただいたのです。

それだけでも、当時は制作した甲斐があったと思いました。

映画監督になりたいわけではなかったわたしが、なぜドキュメンタリー映画をつくりたくなったのか。最初はわたしにもわかりませんでした。

手間もお金もかかりますし、本の編集やイベント企画も変わらず続けていましたので、隙間時間などまったくありませんでした。

それに、このあと詳しくふれますが、思春期の息子が大荒れに荒れていた時期でもあり、ほんとうは映画をつくっている場合ではありませんでした。

なのに、どうしてそこまでして汗を流しながら映画を制作したのか。

これは数年後、**「わたしの無意識」**(第4章P179~参照)からも理解できたのですが(「情報断食」を始めて6年後くらいになると「無意識」の領域を感じられるようになりました)、わたしは映画をつくりたかったのではなく、映画を通して生まれる「リアルな場」を創造したかったのだとわかりました。ですから、まだ映画のお披露目のときには気づきませんでしたが、自主上映の手引き書にも**「大人の紙芝居」**と明記していたのです。

その昔、子どもたちが集まった公園には、自転車の荷台に「紙芝居」を乗せたおじさんがやってきて、まるで語り部のように言葉で物語を伝えながら、子どもたちを想像力の世界へと誘いました。わたしもかろうじて、そんな世界を味わった世代です。あのワクワクした時間。それをみんなで共有できるリアリティあふれる場所。あのような場所を映画の力によってつくりたいというのが本望でした。そのような「場」が必ず必要になる、そう予見しました。

ちょうどその当時、すでにスマートフォンが登場していました。指先ひとつでインターネットの世界へ入れて、そこからさまざまな情報を受け取ることもできますし、発信することもできる文明の利器です。数年後には、世界中で爆発的に広がっていきました。

そういう時代だからこそ、あえてみんなで観られる映画をつくり、共有したいと考えたのでした。それも人間の体内に共通する「遺伝子」がテーマです。遺伝子組み換え食品やクローン生物で騒がれ始めていた遺伝子。人工知能の力が世界を変えていくなかには、当然、人間の遺伝子に関する研究も含まれているでしょう。

人間自身が、もっと根源的なことに目を向けるようになる。あと10年、20年もすれば、人間は、もっと深い部分でつながり合えるようになるでしょう。そのとき、共有できる感覚があることが、懐かしさを伴って**みんなをつなげる役割になる**はずです。

２０２１年。『ＳＷＩＴＣＨ』がお披露目されてから丸10年の月日が経ちます。当時は人間の遺伝子の数が約60兆個といわれていたのが、約37兆個に減ったことなどの違いを除けば、10年経ってもまったく色褪せない内容です。ありがたいことに、今でも上映してくださる方が全国にいます。

まったくのど素人だったわたしが、仲間といっしょに手がけたドキュメンタリー映画は、これまでに約６万人の方たちに観ていただき、上映回数も４００か所を超えました。海を渡った英語版もドイツのフランクフルト・ブックフェアや国際映画祭で上映されたり、海外在住の日本人の皆さんが上映してくださったりと、今でも輪が広がっています。

映画を観ながらつむがれるリアルな場の可能性を、わたしは今でも感じていますし、信じています。あのワクワク、ドキドキした体験は映画ならでは、でしょう。

子どもたちが紙芝居を見ながら胸を躍らせたように、もっとさかのぼるなら、まだ洞窟のなかで生活をしていた原始時代のように、くべた火を囲んで語り部が話す物語にみんなで耳を傾けていたような、あの体験がこれからも必要だと感じている1人です。そのような想いが、わたしのなかから消えません。

そして書籍の編集者が映画をつくった体験から、わたしは「編集力」をもっと活かす活動をしたいと思うようになりました。

「編集力」とは、じつは日本人に最も適した技術（スキル）だと思うのです。

夏休みのある日を境に家族の学びが始まった

「情報断食」がもたらした学びは、何も仕事に関してだけではありません。空っぽになったわたしに飛び込んできた必要な学びは、家族との関係性も含まれていたのです。

２０２０年の夏、この原稿を書いている8月中旬から当時を振り返ると、ちょうど10年前から始まった親子の学びは、父親としてのみならず、わたしに人としての在り方まで教えてくれました。

その役割を担ってくれた息子には、心から感謝しています。

あの年の夏の暑さを、わたしは一生忘れないでしょう。

２０１０年７月25日、日曜日の夕方。わたしは名古屋駅のプラットフォームに立っていました。まもなく発車する新幹線を前に携帯電話を握りしめ、都内に住む息子の番号を押していました。

前日、担当する著者のセミナーが名古屋駅近くの会場でおこなわれ、１泊したのち帰路につこうとしていました。今から戻る旨を伝えておこうと。予定では、息子は中学生生活初めての夏休みを友達といっしょに過ごしているはずです。

何コール目かに携帯電話から息子の声が聞こえてきましたが、あきらかにいつもと様子が違います。まるで別人かと思うくらい面倒くさそうに、言葉づかいも荒々しく乱暴でした。

「どうしたんだよ？　なんかあったの？」

「別に……」

「今、名古屋だから、8時には帰れると思うよ。晩御飯は?」

「いらねぇよ」

「おい、なんだよ、その言い方は!」

わたしが言い放つや、電話は切れました。

ものすごく胸騒ぎがしました。品川駅で乗り換えるまでの約1時間半、早まった鼓動は収まりませんでしたし、途中から胃も痛くなってきました。何かが起きている。何かわたしには想像もできないことが起きているに違いない。

その数日前の1学期の終了日、普段と変わらない会話をしたことを思い出しました。4月〜5月と仕事がたてこんでいたこともあって、滋賀県に住む母親がヘルプに来てくれる日もありました。母からも、とくに変化があるとは聞いていませんでした。

ところが……。

帰宅してみると、部屋は真っ暗な状態で誰もいません。空になった息子の部屋のドアを開けて電気を点けてみると、部屋中に煙草の匂いが充満していて、ジュースの空き缶やスナック菓子の空袋が散乱していました。

ただただ、怒りがこみ上げてきました。とにかく理由を聞こうと携帯電話を鳴らしてみましたが、何コール鳴っても出る気配はありません。

どこを探せばいいのか、誰に何を聞けばいいのか。考えてもまったくわからない。

というのも、息子は小学生の6年間、私立の学校に通っていたので、4月に入学した地元の公立中学校には、ほとんど知り合いがいない状態だったのです。

公立の中学校は、地域の小学校からそのまま進学している生徒が大半なので、我が家のような家庭はレアケースです。おまけに生徒たちの保護者は母親つながりがほとんど。父親ひとりの我が家の場合、誰と誰がどのようなつながりで、誰と誰が親しいのかなど、人間関係がまったくわかりませんでした。

しばらくの間、途方にくれた状態でしたが、このままじっとしているわけにもいかず、スーツから普段着に着替えました。

「そういえば……」と終業式でもらってきた夏休みの連絡網プリントがあったことを思い出して、リビングの壁に掛けたプリントの束を探しました。

「あった！」

三十数名の生徒の連絡先が書かれたいちばん上に、担任の先生の名前と電話番号もありました。初めてかけるには、ちょっとはばかられる時間と知りつつ、そうは言っていられないのでかけてみると、すぐに女性の声が聞こえてきました。

先生もことの状況に驚きながら、比較的息子と仲がいいと思われる男子生徒を教えてくれました。意を決してその子の家庭に電話してみると、やっぱり帰宅していないとのこと。

そこから彼の母親の力を借りて、おそらく集まっているのはあの家だろうと、同じように子どもが不在の親同士で集合して家に向かってみたところ、中学生たち6人が集まっているアジトを突き止めました。すでに日付が変わるような時間でした。

息子は、髪の毛を真っ赤にして、見たこともない派手なジャージ姿のまま、煙草をくわえながら目の前に現れました。わたしは全身の力が抜けそうになりました。

今思えば、まるでコメディードラマのワンシーンみたいですが、あの夜、そこからどうやって2人で自宅に戻ったのか、息子とどんな会話をしたのか、まったく覚えていません。

ただ覚えているのは、その夜まったく眠れなかったこと。翌日から数日間、事情を話して職場を休み、結局は8月のほぼ1か月間を有給休暇扱いにしていただいたこと、とにかく毎日猛烈に暑かったこと。そして極度の自己嫌悪に陥ったこと、でした。

オロオロした情けないわたしは、夕方の海に連れて行って夕陽を見れば何かが変わるかもしれない、いっしょに山登りにでも行って自然に包まれる体験をすれば心が和らぐかもしれないと息子を連れ出したのですが、もちろん昭和時代の学園ドラマのようにはいかず、彼との心の溝は深まるばかりでした。

こういうときは誰に相談すればいいのか？　誰にすがればいいのか？　まったく想像できないまま、うろたえる日々。いつの間にか毎晩飲む酒量も増えていました。

息子と、しっかり向き合えているのかどうかわからない、寄り添えているのかどうかもわからない。じつに曖昧な夏の日が過ぎていったのでした。

思春期に荒れた息子から親の在り方を学んだ日々

この章の後半で詳しく書きますが、わたしにとっての「情報断食」とは、深いところにじっと潜んでいる**「わたしの無意識」**にアクセスすることで、

・なぜここにいるのか
・なぜこの体で生きているのか
・何のために「わたし」は存在しているのか

このことに気づく＋思い出すための役割をもったメソッドなのだと思います。

経験からしか語れませんが、目の前の世界が混沌と複雑さを増せば増すほど、「情報断食」が内面にもたらす効果は静けさを伴いながら深まっていきます。

そして、これもわたしの個人的な実感ですが、日々静けさと向き合うことで、自分

の役割と使命を自覚し、自分らしく「人生」を楽しみながら〝いのち〟を使いきることに、残りの時間を費やす覚悟ができるようになりました。

人生で出会った大勢の人たちから、いろいろな学びをいただきましたが、親としての在り方は、思春期を爆走しながら過ごした息子から学んだといえます。人生をわたし目線でとらえるなら、彼は体を張った大役として、わたしの物語での重要な登場人物になってくれました。

もちろん、今でも20代になった息子とは、家族として、仕事仲間としてもつながりながら、いろいろなことにチャレンジするなかで相変わらず教えられています。

中学生時代の3年間は、これでもか！ と学校に反抗してきた彼を、どう受け止めればいいのか？ どう向き合えばいいのか？ 今の学校教育をどう考えればいいのか？ 親って何なのか？ 家族って何なのか？ 不安と葛藤の日々を重ねながら、それでも見守り続けながら、親としての筋力が鍛えられたと思うのです。

当時、40代半ばだったわたしには、あのとき、あの学びが必要だったのだと今ではわかります。もし、あれが30代のわたしでも早過ぎたでしょうし、50代のわたしの学びとしては、ちょっとキツかったでしょう。

ある日、地域の児童カウンセラーの先生と面談をしたときのこと。

その先生から言われた言葉を、今でも覚えています。

「鈴木さん、親という字は『木の上に立って見る』と書きます。しかし、お父さんであるあなたは、すぐに木の上から降りてきて、お子さんに手を出そうとする。もっと木の上で、ジッとしていればいいんです。すぐに降りる必要なんてないんですよ」

すぐ木の上から降りている自覚なんてありませんでした。それよりも、自分では母親の分まで奮闘しなくてはと、いつも力が入っていたと思います。

ところが、じつはそういう気持ちこそ勝手な親の目線であり、息子の立場に立って考えていない証拠だと今はわかります。常識や世間体を気にした、１人の人間として見られていないことの表れだったと思います。

１年生の２学期から卒業するまで、結局息子は数えるくらいしか校門をくぐりませんでした。かといって引きこもることはなく、仲のよかった友だちとつるみながら町中を闊歩《かっぽ》し、音楽に目覚めて独学でギターを練習しながら、ライブハウスに出るような中学生時代の後半でした。

中学校の卒業式にも出ないと思っていましたが、金色の髪をその日だけ真っ黒の缶スプレーで染め直し、少し遅れての出席。参列していた同級の保護者の皆さんをびっくりさせました。

学校に足を踏み入れた回数でいえば、わたしも息子に負けないくらいの少なさでしたが、久しぶりに入った体育館のいちばん後ろに座って、壇上に上がる彼の姿を見ながら不思議な気持ちになりました。

高速スピードで過ぎて行った3年間、息子が選んだ不登校という選択をわたしは最後まで容認することはできませんでしたが、親子であっても別々な人生という道。これも彼の生き方でしょうし、彼という息子と暮らす、わたしの人生という道でしょう。道の上で学ぶことに無意味なことなんて何もありません。ただ、互いにいくつもの選択があるのみ。その都度、道を選びながら学んでいくだけです。

「これから始まるそれぞれの新しい道で、それぞれが最高に力を出し合えばいいよ。息子であって息子でなし。家族であって家族でなし。1人の人として、この男と向き合っていこう。協力し合っていこう。互いに励まし合おう。応援し合おう」

壇上から降りる姿を見ながら、そう誓ったことは覚えています。

今、23歳になった彼と2人で、新しいドキュメンタリー映画を制作しています。互いにカメラを回し合い、打ち合わせを重ねながら、わたしたちにしかつくれない作品を目指して。これもひとつのチャレンジ。ささやかな人生の実験です。

ボツだと言われた作品が我が家に送られてきた日

ドキュメンタリー映画を制作しながら、爆発した思春期を迎えた息子と生活するなかで、新たな出来事がやってきました。まさしく「やってきた」という表現がふさわしい物語です。

有給休暇を使って自宅にいた8月の中頃、それは1本の電話から始まりました。恩人といっても過言ではない書店の店長からのお願いごとだったのです。


「誰が書いたか聞かないで原稿を読んでもらえませんか?」

電話に出るや第一声がこれでした。

「ちょっと待ってください店長。どういうことですか?」

話の大筋はこうでした。

ある出版社から刊行されるはずだった小説が、どのような理由かは不明だがボツになってしまった。店長は本の帯に載せる推薦文まで書き終わっていたほどで、じつに憤慨《ふんがい》している。どうか、作者が誰かは聞かないで原稿を読んでくれないか? そしてあなたが所属している出版社から刊行できるかどうか判断してほしい、と。

わたしは店長に、かいつまんで我が家の現状を報告し、今すぐに読める状況ではないけれど、取り急ぎ自宅まで送ってくださいと、そのときの住所を告げたのでした。

じつはこの時点では、きっと本にすることはないだろうと思っていました。理由は、第一に、他社で刊行直前にボツになった作品であること。これは縁起が悪いと、大半の出版社の経営者は口にするでしょう。「売れないだろう」と。当然、中身を読まないとわかりませんが、可能性は極めて低いと思いました。

第二の理由は、ジャンルが小説ということです。当時、お世話になっていた出版社には文芸作品のヒットがありませんでした。

1〜2点の小説作品はありましたが、増刷になったものもなく、ジャンルとして拒否される可能性が大きかったのです。「送ってください」とはいったものの、申し訳ありませんが読む気はしませんでした。

数日後、原稿が我が家に届きました。

じつはそこから数日間、わたしは開封もしないまま置きっ放しにしておいたことを白状します。まったく読む気がしませんでした。もっと言うなら、どう断りの返事をしようか、などと考えていたほどです。

ところが、人生はほんとうに面白いものです。

こんなに巧妙な仕掛けは「情報断食」の仕業にほかなりません。わたしに足りないもの、必要なことを、じわりじわりと埋めようとするのです。そこから小説より数十倍もドラマチックな物語が動き始めました。

きっかけは、原稿を受け取ってから1週間後くらいにやってきました。

ある日の午後、思い出せないくらい些細なことで息子と大ゲンカをしました。

「もう帰らねえよ！」と啖呵《たんか》をきって家を飛び出した息子。

「ふざけんなよ！」と背中に浴びせるような大声を出したわたし。

夏の終わりを知らせるように、蝉たちが大合唱で鳴いていました。

もともと息子のことで心労がピークに達していたわたしも、蝉に負けないくらい泣きたくなっていました。もう嫌だ、こんな毎日。砂を噛むような味気ない日々。いったい俺が何をしたというのだ。一生懸命働いているのに、どうしてこんなことになるのだろうか？

何もかも、見るのも聞くのも嫌になっていましたし、何かをする気力もありません。クーラーをつけて温度が下がることすら体の芯まで寒くなる気がして、部屋中の窓という窓を網戸だけにし、濡らしたタオルを首に巻きながら寝室で横たわっていました。

知らぬ間に、暑さのなかでウトウトしていました。

遠くから花火の音が聞こえてきて目が覚めました。びっしょりと寝汗をかいたTシャツが肌に張り付いて気持ち悪いので、わたしはフラつきながら浴室まで行き、熱いシャワーを浴びました。少しお腹が空いているものの食べる気はしません。

時計を見ると、午後9時近くになっていました。

どうしてもこの作品はわたしが本にします！

めずらしく変な時間に寝てしまった夜。

きっと今夜、息子は帰ってこないだろう。

そんな予測を立てながらも、だんだんと気持ちが沈んできました。

俺は何をやっているのだろうか？
このまま幸せになんてなれるのかな？
自分の家族はどうなってしまうのだろう？
このまま生きていて面白いことなんてある？

悲観的な気持ちが止まらなくなりました。気がつくと数時間経っていて、もうすぐ午後11時。全然眠たくない。息子が帰ってくる気配も一切ない。久しぶりにテレビをつけようかと一瞬迷ってみたものの、結局、リビングの椅子に座りながら、ただボーッとしたまま過ごしました。

このまま起きていても何の意味もないと気づいた午前2時前。

「そうだ！」と、書店の店長から送られてきた原稿を思い出しました。相変わらず読む気はしないけれど、断りの手紙を書くためにも、パラパラでいいから眺めておく必要があるだろう。

そんな程度の気持ちでようやく原稿を手にしました。

封筒を開封して中身を取り出してみると、少しだけヨレヨレとしたゲラ原稿の紙が入っていました。ゲラとは印刷所で刷られた校正用の試し刷りのことで、本印刷に入る前の刷り原稿のことです。

「再校」と書いてあるところをみると、ほんとうにかなりの工程まで進んでいたことがわかります。ゲラの右上には、この原稿のタイトルなのか「ギフト」と小さく印字されていました。

パラパラと斜め読みをするつもりが、とりあえず最初の数ページだけ読んでみることにしました。

熊本の県立高校2年生の男子生徒が、あるウソを隠すために日帰りで浦安のディズニーランドまで行き、帰り道の大渋滞に巻き込まれたあげく、最終便の飛行機に乗り遅れるハメになります。所持金は３０００円ほど。結局は、空港内の売店の女性宅に泊めてもらうことになって、なんとか窮地《きゅうち》をしのぐのでした。

翌日、女性から聞いた話を元に、彼女の息子にプレゼントを渡すことになって、主人公の旅がスタート。旅路で出会った人たちの世話になりながら、人生で大切なことを人のご縁から教えてもらう旅を経て、５日後に熊本に帰り着くのですが……。

ドラマチックな展開があるわけでもなく、ただシンプルな、ロードムービー的な高校生の成長物語でした。ところが、パラパラ眺めるつもりが最後まで読んでしまったわたしは、感動のあまり興奮が収まらなくなりました。

こういう旅を息子にもしてほしい。

旅の途中でいろいろな人と出会い、話を聞き、この世界にはいろいろな人がいて、いろいろな役割があって、いろいろなつながりがあって、みんな生きている。主人公は旅で出会った人たちから、同じセリフを聞かされることになります。

そのひと言が、頭から離れなくなりました。

「また、必ず会おう」

時計を見ると午前5時過ぎ。わたしは携帯電話から店長にメールを送りました。

「原稿を読みました。どうしてもこの作品はわたしが本にします！」

それが作者である小説家・喜多川泰さんとの出会いでもありました。

9月に入って、2学期の初日から不登校を決めた息子の背中を見ながら、わたしは長かった夏季休暇から職場復帰をして、遠方に住む両親の力を借りながらも、なんとか自分のペースを取り戻していました。

あの夜、感動した小説の原稿は、予想した通りなかなか本にする了解が出ないまま、ひと月が過ぎようとしていました。それでもわたしはめげずに、何度も社長に直談判をして、この作品の面白さと可能性、必ずわたしと同じような境遇の親御さんたちが支持してくれる旨をプレゼンし続けました。

そして4回目の打ち合わせで、やっと社長の口から「わかった、本にしよう」と承諾の言葉を聞くことができました。根負けした社長は、必ず売れる作品にすることを前提に、全社あげて応援することを約束してくれました。

そこから店長を介して、著者である喜多川泰さんと初めてお会いし、タイトルの提案をさせていただきました。

本になることを喜んでくれた喜多川さんは、何案か用意したタイトルのなかから、ほぼ即決であるタイトルを選んでくれました。

『「また、必ず会おう」と誰もが言った。』

想像もつかないような偶然があり得ない展開を生み出した

季節は秋に移り変わり、ドキュメンタリー映画の撮影と並行して、わたしは小説『「また、必ず会おう」と誰もが言った。』の編集に取り掛かりました。再度、著者といっしょに内容を見直し、部分的な加筆修正をお願いしながら、ブックデザイナーの選定に入りました。

本とは、原稿の内容がいいことは大前提として、ブックデザインも大切です。どのようなデザインにするかによって、間違いなく本を手に取っていただく確率も変わります。音楽と同じく、ジャケ買いってあるものなのです。

「この人にお願いしたい」というデザイナーに依頼し、快く引き受けていただいたのち、いっしょに表紙のデザイン案を考えました。

主人公はいろいろな場所を旅します。

できるなら、どこかの街に滞在している日常の断片を写真にしてみてはどうか、と提案したところ、「それは面白い！」となりました。

では、どのシーンを想定するか。構図を考えながら出た案が、主人公が1泊だけお世話になった美容室のある吉祥寺という街の交差点。背景には電車の高架が見えます。そこに主人公が譲り受けた「ピンクパンサー号」というピンクの自転車がさり気なく置かれている……。

アイデアは採用されたものの、ではピンクの自転車はどうするのか？　そこがポイントとなりました。撮影のためだけに購入するわけにもいかず、かといってピンクの自転車なんて、めったに見られるものではありません。

ところが、想像もつかないような偶然が動き始めるのです。

10月も中旬頃のある日。マンションの玄関を掃除していると、駐輪場のあたりからシューッという音と共に、何やらシンナー臭が風にのって運ばれてきました。2階に位置した我が家の前のすぐ下が駐輪場になっていたのです。

音がするほうを見てみると、金髪姿の息子が自分の自転車をいじっています。右手にはスプレー缶が握られていました。目を凝らして見ると、なんと！　彼は自分の自転車をピンク色に塗っていたのでした。

「あっ！　その自転車！」

上から叫ぶわたしの声に反応した息子が、笑顔で手を振り返してきます。

夏のあの日から擦った揉んだをくり返していたわたしたち親子ですが、少しずつ、今の状況が客観視できるようにもなっていきました（ほんとうに少しずつ）。面と向かうといがみ合うのは相変わらずですが、それでも互いにいるフィールドのなかで、何とか共通言語はないものかと、それぞれが模索している毎日でした。

わたしは階段を降りて駐輪場へ行き、ピンク色になりかかっている自転車を見ました。まさしくピンクパンサー号が目の前にいます。

本のデザインのことを話すと、すぐに「いいよ」と返事が来ました。「よ〜し、しっかり塗ってくれよ」と訳のわからない会話をして、すぐにブックデザイナーに自転車の写真を送って撮影の段取りを組みました。

ところが……。

撮影場所のロケハンも終わって、いざ撮影という本番3日前、なんと自転車に乗っていた息子が原付バイクと接触事故を起こしたのです。バイクの前方不注意による巻き込み事故でした。

幸いなことに息子は無傷で済みましたが、自転車はチェーンが切れて走行不能となりました。ただ走ることはできないものの、曲がったところを力任せに直せば、なんとか撮影はできそうです。

そして2日後、無事、表紙用の撮影をすることができました。

息子がピンク色に塗った自転車は、ほとんど公道を走ることなく。まるで本の表紙に載るためだけに存在したかのようでした。後日談ですが、本がベストセラーになってから、ピンクパンサー号はもともと原稿を送ってくれた店長のお店に飾られたのち、今度は兵庫県伊丹市の別の書店に飾られることになり、その後はなぜか富山県に、本の主人公のように旅をしたところまでは知っていますが、現在の行方はわかりません。

刊行直前に「売れない」とボツになった原稿が、なぜかわたしのところに回ってきた偶然。そして同じころ、不登校になった息子が中学校構内で不祥事を起こし、「もう学校に来ないでほしい」とこともあろうに当時の校長先生に言われた事実。売れないと捨てられた原稿と、来るなと言われた息子がオーバーラップして、本を形にすることに、わたしの心は燃えていました。

わたしは本のタイトルの横に、次の言葉を載せることにしました。

「偶然出会った、たくさんの必然」

2010年11月に刊行された『「また、必ず会おう」と誰もが言った。』でしたが、最初はかなり苦戦したスタートでした。内容の面白さに読んでくださる方はいましたが、全国的に広がる勢いではありません。

ところが、年が明けた2011年1月。原稿を送ってくれた書店の店長がレギュラー出演していたお昼のワイドショー番組で小説を紹介したとたん、出版社に注文の電話が殺到したのです。その勢いはなかなか止まらず、結局その後数か月で累計14万部を超えることになりました。

わたしは公開が2か月後に迫ったドキュメンタリー映画の制作で、てんやわんやの毎日。こちらもいきなりの急展開に驚きました。

ベストセラーになってすぐに、映像化の話がやってきました。

そして2013年9月、『「また、必ず会おう」と誰もが言った。』は映画となって全国数か所で上映されることになりました。その後は高校生選定図書の1冊に選ばれたり、2018年の11月にはなんと、ミュージカルの原作として再び観客を楽しませてくれたのでした。

この仕事を通して教えられたのは、人生で起こることのつながりです。

決して1点だけで見ないこと。1編の小さな物語は実生活のなかでさまざまな形に変わりながら、そのことをわたしに見せてくれるのでした。

大切なことはいつも深いところで共鳴しながらつながっている

「情報断食」の第1フェーズ（2010年～2012年）で起こった、いくつかの小さな出来事は、その後もさまざまに絡み合いながら壮大な物語を編み続けています。

それらは目に見えるものではありませんので、表面だけを見ると理解に苦しんだり、想像力を超えた出来事となって驚かせてきます。

しかし、同時に、それらは大事なメッセージをわたしに伝えてくれます。

「大切なことは、いつも深いところで共鳴し合いながらつながっている」

心からほんとうにそう思います。すぐにわからなくても、時が経てばつながりの真意はわかるようになっているのです。

2015年の6月、1本の電話がわたし宛にかかってきました。

それは、都内のある地域の教育委員会からでした。夏休みにおこなわれる中学生たちの読書感想コンテスト発表会への参加を要請する内容でした。

じつは、その学区が課題図書の1冊として『「また、必ず会おう」と誰もが言った。』を選定したらしく、それを読んだ中学生たちの感想発表の場で、編集担当者としてのコメントをいただきたい、というのです。

なぜ著者ではなく、わたしのところへ連絡が来たのかを訊ねてみると、どうしても参加できない喜多川泰さんからわたしのことを聞いた、というのです。できれば本が形になるまでの経緯も話してほしい、ということでした。

わたしは喜んで引き受ける旨を伝えました。ほんとうなら、息子が中学生活を送るのと同じように、わたしも保護者として中学校とかかわりをもつことが小さな夢だったのです。ところが、小さな夢は息子の不登校によって叶いませんでした。発表会に参加することで、少しだけ後悔が報われた気持ちがしたのです。

「ところで、学区はどちらでしょうか？」

電話の向こうから伝えられた返事を聞いて、わたしは飛び上がりそうになりました。

なんと、その学区とは、わたしの息子が不登校で通わなかった中学校を含むエリアだったのです。そんなところで、この本が生まれた経緯を話すなんて……。面白すぎる展開に、ワクワクが止まらなくなりました。

残暑が厳しい8月のある日。その学区では、5つの中学校が毎年合同で読書感想コンテストを開催しており、本好きの中学生たちが、ほんとうに生き生きと本を読んだ面白さや感動を発表してくれました。

2時間近く発表が続いたあと、最後にわたしが登壇する時間です。全体の感想といっしょに本づくりにまつわるエピソードを披露することになっていました。

もちろん『「また、必ず会おう」と誰もが言った。』にかんしての話です。

この本の原稿との出会いから、なぜ本にすることになったのか……当然、その背景に、我が家で起きた息子とのことも話さないわけにはいきません。不登校のこと、現実と小説の世界がオーバーラップしたこと。そして表紙の写真のエピソード……。

わたしが立っている壇上から、息子が籍を置いていた中学校の先生の顔が見えました。話が進むに連れて先生の表情がみるみる変化していくのがわかります。近年稀《まれ》にみるやんちゃな学年でしたから、まだ生々しい記憶が残っているはずです。

「いや〜、びっくりしました。まさか鈴木くんのお父さんとは。こんなこともあるんですね。彼は元気ですか？」

寸評の終了後、驚いた表情のまま駆け寄って来てくださった先生が言いました。

「おかげさまで、なんとか進学しましたよ」

不思議なご縁と流れから参加した読書感想コンテストでした。

時間でみるなら1日のうちの、ほんのささやかな3時間ほどです。

しかし、わたしにとってはなんだかその日が、ほんとうの意味での息子の卒業式に思えたのでした。二度と戻ってはこない、甘酸っぱくもあり、苦々しくもあった3年間。あの小説の物語は、息子とのことがなければ本になることはなかったでしょう。

この日、たくさんの中学生たちが本の感想を言葉にのせて聞かせてくれる姿を見てしみじみ感じたのです。あの思春期がなければ、彼と主人公をオーバーラップさせることもなかったでしょうし、あの本の表紙写真を撮ることもなかったでしょう。

間接的ではあるけれど、全国のたくさんの中高生たちがこの小説にふれてくれたことが、息子とわたしの部活動だった気がするのです。


読書感想コンテストの帰り道、妙に晴れ晴れした気持ちのわたしがいました。

あの3年間で起きた出来事は、毎日がジェットコースターに乗っている気分にさせてくれました。アップダウンをくり返しながら、たくさん喧嘩をして、たくさん怒って、たくさん涙して、少しだけ笑えた記憶もあって。わたしの心は揺さぶられっぱなしでした。今でも思い出すだけで、胸の奥が詰まるような気持ちになります。

しかし、今では「あの体験があったからこそ」と理解できます。

あの体験があったから、わたしは人間が「学ぶ」という本質を息子から教えられた気がします。何があっても我が子を信じるという父親の在り方を学ぶこともできました。そして、若者の才能を心から応援する気持ちも芽生えました。

息子との親子の旅は、形を変えて今でも続いています。

最後に、後日談をひとつ。

わたしが参加した翌年の読書感想コンテストには、小説家の喜多川泰さんが登壇されたそうです。そのとき喜多川さんが壇上に立った瞬間、突然新しい小説のインスピレーションが降りてきたことをご本人から聞きました。

２０１７年の１月、そのときのインスピレーションから生まれた物語が本となって、日本の読者はもちろん、海外でも翻訳されて読み継がれています。

『秘密結社 Ladybird と僕の6日間』

こうやって物語の旅は、まだまだ続いているのでした。

情報断食 第1フェーズ（2010年1月1日～2012年12月31日）出来事の年表

2010年	1～2月	・「情報断食」スタート（テレビ、新聞、本＋雑誌を手放す） ・書店に行きたい禁断症状に悩まされる（心が落ち着かない日々） ・生活圏内の半径10メートル内に意識を向け始める
	3～6月	・息子が小学校を卒業して中学生になる ・「風とつながる瞑想」を実践し始める（「心の遊び場（ストックスペース）」ができ始める） ・ドキュメンタリー映画をつくろうと思いたつ
	7～8月	・息子の思春期が荒れ始める（会社を1か月休む） ・他社でボツになった原稿が手元に届く（読んでびっくり！　心から感動する）
	9～12月	・中学1年生2学期より息子の不登校が始まる（親子のバトルがスタート） ・息子、ピアスの穴を開ける（舌・唇・耳と最大20か所） ・ドキュメンタリー映画「SWITCH」のお披露目会場と日程が決まる（於：2011年3月26日、紀伊國屋サザンシアター）
	1～2月	・小説『「また、必ず会おう」と誰もが言った。』がテレビで紹介されてブレイクする（14万部突破）

2011年	3月	・9日　ドキュメンタリー映画の最終構成案が決まる ・11日　東日本大震災が起こる ・26日『村上和雄ドキュメント「SWITCH」』完成お披露目上映会（550名来場）
	4〜6月	・『村上和雄ドキュメント「SWITCH」』全国自主上映会スタート（年内約90か所で上映される） ・映画を広めるためにフェイスブックをスタート ・自宅の料理をすべて手づくりに変える
	7〜12月	・自主上映会に呼ばれて全国を講演しながらまわる ・息子、万引きで捕まる（1週間単位で家出をすることが頻繁に起きる） ・小説『「また、必ず会おう」と誰もが言った。』の映画化の企画が持ち上がる（2013年9月に全国上映）
2012年	1〜3月	・息子、フリースクールに通い始めるも2回で行かなくなる（音楽に目覚め始める→ライブ活動開始） ・少しずつ親子の会話が蘇り始め、笑うことが増える（お互いの心の変化が起こる）
	4〜9月	・ドキュメンタリー映画第2作目『「食べること」で見えてくるもの』を制作する ・「いのちのスープ」料理家・辰巳芳子先生のスープ教室に申し込む（2016年5月から1年間学ぶ）
	10〜12月	・『村上和雄ドキュメント「SWITCH」』がドイツのフランクフルト・ブックフェアにて上映される ・住まいを東京都西東京市から世田谷区に引っ越す

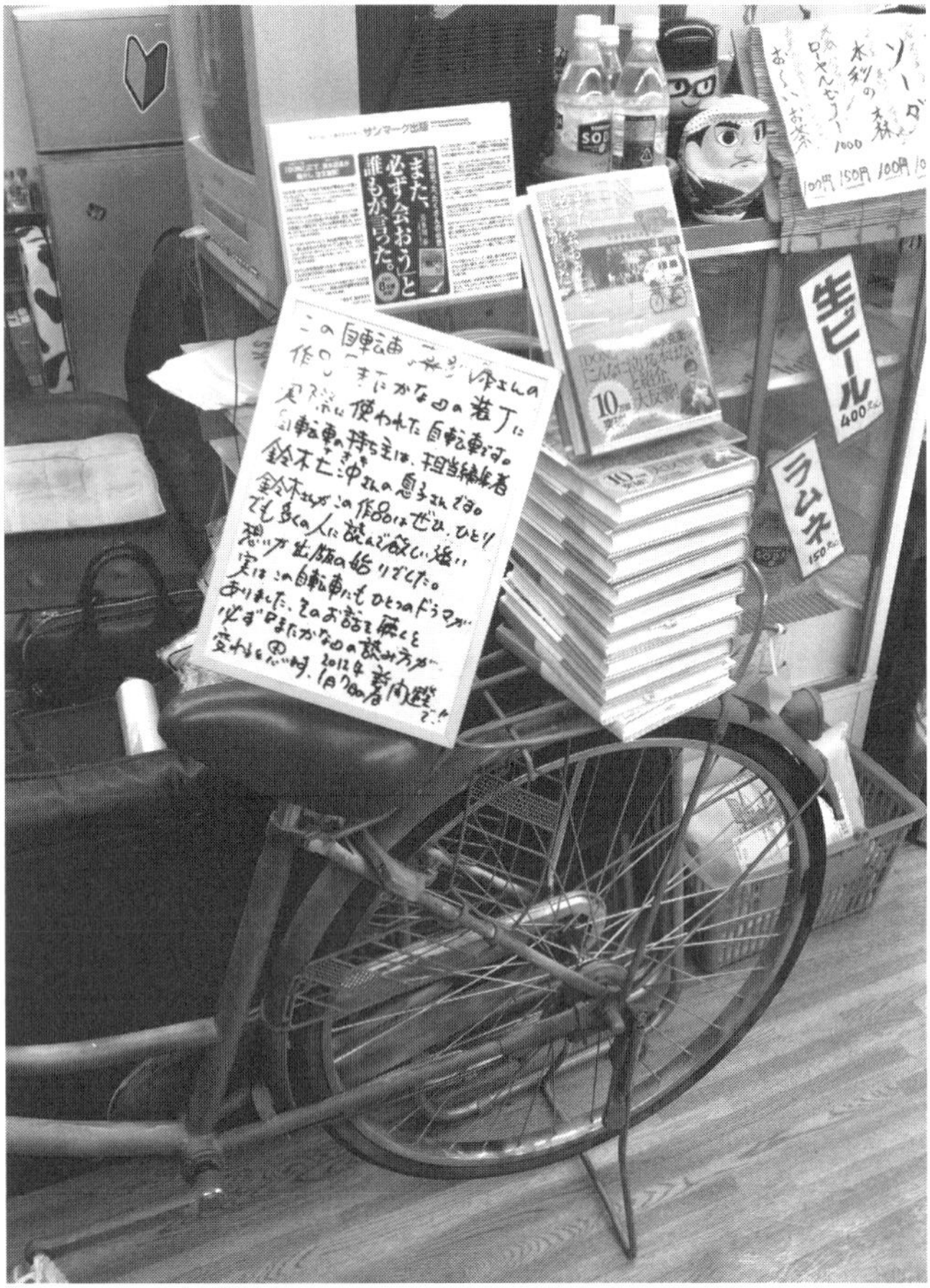

『「また、必ず会おう」と誰もが言った。』が10万部を突破した記念として、東京都江戸川区にある書店「読書のすすめ」の店内に飾られたピンクの自転車。この後、兵庫県伊丹市の書店「ブックランドフレンズ」を経て富山県に行ったと聞いたが、そのあとは行方知れずに……。

第4章

わたしたちをとりまく「5つの気づき」

第４章のポイント

「情報断食」を実践するなかで
わかってくる「気づき」との出会い
「時間・世界・体・意識・人生」
それはまるでものごとの
根っこにふれる感覚でした

「情報断食」からわかった揺るがない5つの気づきとは？

　情報を手放しながら、ていねいに感性を高めていくなかで、ものの見方や解釈の仕方が少しずつ変化していきました。たとえば、1本の樹しか見ていなかった森を側面や上空から眺めたとき、いかにそこが広大な場所で、多種多様な生き物たちのバランスで成り立っているのかがわかるように。


　そんな気づきが5つのテーマに分かれて感性を刺激しました。

　どれも学校では教えてくれないことばかりですが、徐々に理解していくうちに、自分が立っている場所や物事のしくみもわかるようになってきます。

　そうなると日常で見聞きすることのとらえ方や感じ方が変わってきて、面白いように行動力や選択肢も増していきます。

　人生に選択肢が増えると心に余裕ができて、いろいろな準備をするのが容易になるでしょう。それは楽しみ方の種類が増えることにもつながるのです。

「第1章」でも書きましたが、ほんとうの幸せを味わうために、これからわたしたちが実践していくのは、「自分を探す」ことではなく、**「自分を深めていく」**ことにほかなりません。

共同体という大きな囲い（たとえば宗教の経典・戒律や国ごとの法律など）が力を発揮した時代（今でもそうですが）は、多くの人たちの意識や思いが**「自分（アイデンティティ）」**を見つけることに向きました。

なぜなら人は、囲われた集団のなかにいると、人との違いを比べることで自分自身を見出そうとする習性があるからです。

「誰かではない唯一無二の自分」
「ここではない何処かの環境」

そんな自分や場所と出会うために、意識や思いのエネルギーは外へ外へと流れていきました。とくに70年代や80年代に若者だった人たちは、よく「自分探しの旅」に出ました。小さなバッグひとつで海を渡ったり、いろいろな場所を放浪したりしながら、まだ知らない「自分」を探し続けたのです（P41の絵を参照）。

当時の旅人一人ひとりが、どんな自分と出会ったのか知るよしはありませんが、きっとそれは表層的な自分に留まっていたように思います。

なぜなら**そもそも自分とは探すものではない**からです。

わたしたちは今、**「自分を深めていく」**ことに思いを馳せ始めています。

自分の体（フィジカル）や心（メンタル）を強化させることに時間とお金を費やす人が増えました。ここ数年、体や心に関する本が軒並みベストセラーとなったり、話題になったりしていることに気づいた人も多いでしょう。

それに関連して「食・食事」にまつわる本や情報も増えています。

自分を深めていくためには「食」を通して体を整えることが大切だと、無意識的に自覚する人が現われたからです。編集者的に見るなら、これは当然の流れです。

そんな状況を踏まえながら予見すると、深める流れは「体」から「心」へとさらに移行していくでしょう。哲学や心理学が見直されたり、「これから」使える新しい哲学、新しい心理学、新しい量子力学みたいな分野がもっと望まれたりするはずです。

話を戻しましょう。自分を深めていくとき、いくつかの「気づき」を知っていると役立ちます。源泉や大本を知ることで、より軸足がブレずにいられるからです。

わたし自身、「情報断食」を実践するなかで、次ページに挙げる**「5つの気づき」**を知ることができたのは、ありがたい以外の何ものでもありませんでした。ただやみくもに深めるためにエネルギーを注ぐのではなく、意識をもって取り組むことができました。

主に3年間の「情報断食」第1フェーズ（2010年〜2012年）によって理解できた「気づき」は、今の学校教育では子どもたちに教えられない、共有されていないことばかりです。これらは、当然わたしが勝手に考えて練り上げたものではなく、どれもが純粋な、揺るがない真理といえるでしょう。

さらに付け加えるなら、これからの時代を生き抜く子どもたちにこそ、ぜひとも知っておいてほしいことだと強く思います。折れない心を養うためにも大切です。

5つの気づき

[時間の気づき]

腕時計のなかの時間だけが時間ではありません。
3つの時間の存在を知ろう

[世界の気づき]

わたしたちが住む世界がどうやってできているのかを
理解しよう

[体の気づき]

いったい体とはどんなものなのかを知ったうえで
付き合おう

[意識の気づき]

意識の世界がどのような構造になっているのか
認識しよう

[人生の気づき]

人生のメカニズムを知ったうえで楽しく歩いてみよう

時間の気づき

わたしたちのまわりには3種類の時間が存在している

わたしたちの生活は「時計」の時間に追われている毎日です。

毎朝、何時に起きるかをセッティングし、分刻みで1日のスケジュールを決めます。昼食はだいたい午後12時前後。夕方の19〜20時あたりに夕食をいただき、就寝する午前1時前後までに入浴を済ませ、明日の準備も済ませ、スマートフォンをいじりながら眠りに就く……。現在のスタンダードな流れではないでしょうか。

壁に掛けられた、もしくは腕に巻かれた時計の時間がすべてだととらえられがちですが、「時間の気づき」は、わたしにこんな疑問を投げかけてくれます。

「そもそも時間って、たったひとつだけなの？」

物事が流れていく様をどのように感じ取るのか。

そのためには**「時間に対するとらえ方」**が重要になってきます。

作家の池澤夏樹《いけざわなつき》さんが１９８７年に芥川賞を受賞した小説『スティル・ライフ』を読んだのは20代半ばの頃。まるでポエムのように綴られた冒頭は衝撃的でした。秀逸な書き出しにドキドキ興奮しながら読んだことを覚えています。

この世界がきみのために存在すると思ってはいけない。世界はきみを入れる容器ではない。

世界ときみは、二本の木が並んで立つように、どちらも寄りかかることなく、それぞれまっすぐに立っている。

きみは自分のそばに世界という立派な木があることを知っている。それを喜んでいる。世界の方はあまりきみのことを考えていないかもしれない。

でも、外に立つ世界とは別に、きみの中にも、一つの世界がある。きみは自分の内部の広大な薄明の世界を想像してみることができる。きみの意識は二つの世界の境界の上にいる。

大事なのは、山脈や、人や、染色工場や、セミ時雨などからなる外の世界と、きみの中にある広い世界との間に連絡をつけること、一歩の距離をおいて並び立つ二つの世界の呼応と調和をはかることだ。

たとえば、星を見るとかして。


（『スティル・ライフ』池澤夏樹著・中公文庫より）


「情報断食」にチャレンジし始めて4か月くらい経ったとき、突然、ドキュメンタリー映画を制作しようというアイデアが浮かんできたのは書いたとおりです。

唐突でいきなりの構想に自分でもびっくりしましたが、その頃になると、かなり自分の感性から湧きあがってくる感覚やメッセージを信頼していましたので、まずは素直に受け止めてみることにしたのです。

でも、さすがに書籍の編集者が映画づくりはないだろう。映画を観るのは好きだけど、つくったことなどありませんし、つくり方もわかりません。自分でも半信半疑で当惑しました。

そのとき、ふと、まるで地面から静かに水がわいてくるような感じで、池澤夏樹さんの『スティル・ライフ』を思い出したのです。あの冒頭の文章。あの感覚……。

自宅の書庫で眠っている色あせた文庫本を取り出しました。

世界はひとつではなく、ふたつある。それも、まるで2本の木が並んで立つように存在している。寄りかかることなく、まっすぐに。外に立つ世界とは別に、きみのなかにも、ひとつの世界がある……。きみの意識はふたつの世界の境界のうえにいる。

「確かに世界って、ふたつあるよな。外側の世界と、自分のなかに存在している世界。ということは、時間だってふたつ存在することになるよね。腕時計のなかの、外側の世界中で共通に進んでいく時間。それとは別に『僕』固有の時間もある。母親から生まれて、何十年もいろいろな体験をしながら老いていき、いつかここからいなくなる。そんな僕のなかで流れている時間と、外側を流れる時計の時間が同じわけなんてない。僕には、僕だけの時間が存在するはずだ」

ふたつの世界への思いが、すぐに「時間の気づき」へと膨らんで、その日の夜は時間のことで頭がいっぱいになりました（「世界」については映画のことと同様、「心の遊び場（ストックスペース）」にそのまま収めました）。

「そういえば……。自然界の食物連鎖。生き物が生き物を捕食しながら互いの生死を決めている事実を見つめてみよう。あれだって大自然のなかだけに起きる絶妙なバランスによって、自然界に流れる「時間」が保たれているといえるのではないだろうか」

もう人間は、あの「時間」の輪のなかには戻れない。宗教や法律、経済、そしてテクノロジーを手に入れた人間が生きているのは、自然界に流れている「時間」ではないはずです。ということは……わたしたちの目の前には、まったく異なる3つの時間が存在することになるのではないでしょうか。

①外側の世界に流れている時間（機械時計）
②わたしのなかに流れている時間（いのちの時計）
③大自然のなかにたゆたう生態系の時間（循環時計）

どの時間を生きるかによって体験する世界の景色が変わる

「時間」に追われる人はたくさんいて、人間の後悔も大半は時間と関係しています。

３つの時間の、どの時間を選択するかによって、わたしたちが体験する世界の景色は変わります。もし、あなたが「外側の世界に流れている時間」すなわち腕時計のような時間を軸に生きる選択をしたなら、それは人生の最期に多くの後悔を抱いてしまう人たちと同じような、自分らしさを見失いがちな人生になるかもしれません。

また、「わたしのなかに流れている時間」を選択した人は、ほんとうの自分らしさが体験できる反面、そこだけに固執してしまうと人生で味わう経験が極端に少なくなってしまうでしょう。

「情報断食」を実践するなかで養われた２つのポイントを思い出してください。

・どんなことにもチャレンジできる柔軟性

・どんな状況でも穏やかな心でいられる安定感

この観点から想像するなら、いろいろな時間を柔軟に生きながら、それでも心の安定が保てる生き方が望ましいと感じます（なかなか実行するのは難しいですが）。

先に挙げた3つ目の時間「大自然のなかにたゆたう生態系の時間」、これを軸に生きることは、もっとも容易ではない選択です。なぜなら人間が創りあげた現代文明のなかには存在し得ない時間だからです。ただし、日常生活のなかで、たとえば野菜を育てるような体験をしたり、海や山に行って大自然に身を委ねることで人間以外の〝いのち〟の息づかいを感じてみたり、一時的にそういう営みを重ねることで、大自然のなかにたゆたう3つ目の時間を疑似体験できると思うのです。

大切なのは知ること、そして意識することです。意識することでアンテナが立ち、それに関する情報を共有することができます。まずは3つの時間を知ってください。

［時間の気づき］メッセージ

――3つの時間の存在を知ることで柔軟性と安定感を養おう

世界の気づき

わたしたちが住む世界はどうやってつくられているのか？

2015年から2017年までの3年間。毎年一度きりの約2時間ですが、茨城県内にある公立中学校の外部講師として招かれたことがありました。1学年が約350人。少子化の時代にしては、かなりのマンモス校です。

最初の年は、寒さが厳しい2月のある日、わたしが手がけたドキュメンタリー映画を上映し、終了後に少しだけお話をさせていただくという構成でした。

真冬の体育館内はかなり冷え込んでいて、

「まだ12～13歳の彼ら彼女らに映画の内容はわかるかな？」

そんな心配をしながらの進行でしたが、後日いただいた感想文を読ませていただくと、中学1年生なりの理解はしてくれていたようでした。

2年目は担当した小説『「また、必ず会おう」と誰もが言った。』（喜多川泰著）の映画化された作品の上映会を、そして最終回の3年目は、間もなく卒業する中学3年生を前に、単独での講演会をさせていただきました。

そのとき**「世界はどうやってつくられるのか？」**という話をしました。

世界は、経済力をもった大国がお金にものを言わせて幅をきかせたり、貧困の国はどこまでも貧困が続いたり、そうやって世界は成り立っている……そのような話ではありません。もっと「そもそも」の話を子どもたちに伝えたのでした。

「皆さんが着ている制服、体育館履き、メガネをかけている人はメガネ、腕時計、ノート、筆記用具、下着、なんでもいいんですが、ここにあるすべての人工物は、急に空から降ってきたり、手品みたいに空中から飛び出てきたりしたわけではありませんよね。必ず最初に誰か『こんなものをつくりたい！』と思った人がいて、その話を聞いてくれた人たちがいて、会議があって、決定されて、素材を調達して、工場に発注して、製造ラインが稼働して、できたものをチェックする人、物流の力を使って全国へと運んでくれる人、売ってくれる人、買ってくれる人がいて、そして皆さんの手元にあるわけです」

最終回の講義で伝えたかったのは、**「思いの強さ、大切さ」**ということでした。

この世界はどうやってつくられているのか?

それは**「思う人がいたこと」**、これがいちばん大切だということ。

次は、**その「思い」に対して行動で応えてくれた人がいた**こと。

そのふたつがあって初めて具現化(現実化)するのがこの世界の真理なんだという
ことを、これからの時代を担う人たちに知っておいてほしかったのです。

「はじめに」でもふれた、この方程式です。

思い　↓　行動　↓具現化(現実化)

この世界にある人工のものはすべて、ひとつ残らずこの方程式にそって形になって
います。冷蔵庫も洗濯機もエアコンも、自動車も電車も船も飛行機も、

「こんなものがあれば便利だな」

「こんなものがあればありがたいな」

「こんなものがあればみんなが喜ぶな」

最初は小さな心根から生まれた「思い」でした。

10年間、書籍の編集を担当させていただいた実業家の斎藤一人《さいとうひとり》さんは著作のなかで、次のような言葉を書いてくれました。

「地球は〝行動の星〟だから、動かないと何も始まらないんだよ。
とにかく、行動って、すごく大切なんです。
しあわせになるのも、成功するのも、
行動しないでうまくいくということはありませんからね」

ほんとうにそのとおりだと思います。わたしたちの「思い」には、すごい力がありますが、行動しなければ何も始まりません。そのことに気づかない人はたくさんいます。世界のしくみを知らないまま人生を終えてしまう人も少なくありません。

若い人たちには、そのことをよくよく知っておいてほしい。

これまでの世界がそうやってつくられてきたということは、これから何を思って、どんな行動をするのかによって、世界はいかようにも変わっていくということです。これも揺るがない真理です。

真理って、当たり前すぎるものが多くて、それが大切なことだとわかりにくいものなのです。ついつい見過ごしてしまいます。

当然、思いを行動に移してみたところで、具現化しないことだってしばしばあります。じつは、そのことのほうが多いかもしれません。何度チャレンジしても難しい案件はあるものです。願いは、すべてが叶うわけではないのです。

しかし、行動してみたことで、たとえ形にならなかったとしても、その結果から次のチャレンジの芽が生まれることだってたくさんあります。

動いたからこそ、次へとつながる道は開けるのです。

［世界の気づき］メッセージ

――思ったことを行動に移すからこそ現実化する

体の気づき

いろいろなものがつながって　この体が存在していることを知る

2004年12月に、編集にかかわった絵本『いのちのまつり』が全国発売となりました。沖縄の「清明祭《しーみーさい》」と呼ばれる先祖供養のお祭りをベースに、本島からきた坊やに島のオバアが命の大切さを伝える、という物語です。

この絵本の圧巻は、広げると長さ80センチにもなる仕掛け部分です。

坊やのうえにお父さんとお母さんが2人。
お爺ちゃんとお婆ちゃんと合わせて4人。
ひいお爺ちゃんとひいお婆ちゃんと合わせて8人。
そのまたうえに16人、そのまたうえに32人……。

こうやって、どんどん、どんどんと数が増えていき、仕掛け部分を広げると約4000人もの顔が描かれています。もちろん、そのどれもが違う顔をしています。

「誰一人欠けても、坊やは生まれてこなかった〜さ〜ねぇ〜」

沖縄には「命《ぬち》どぅ宝《たから》」という文字どおり「命こそ大切だよ〜」という言葉がありま す。この絵本は沖縄を中心に全国へと広がり、とくにお母さんやお爺ちゃん・お婆ちゃんたちが、子どもたちに読み聞かせながら応援してくれました。

今でも小学校の道徳の教科書や副読本に掲載され続けて、シリーズで40万部を超えるベストセラー絵本となっています。

刊行後は、わたしも児童館や老人ホーム、読み聞かせのイベント会場など、さまざまなところでこの絵本を読み続けてきました。どこで読んでも仕掛け部分になるとみんなの目がキラキラして、笑顔や歓声もあがって盛り上がります。

そして、読み聞かせが終わったあと、みんなで話をするのです。

「誰一人欠けても生まれてこなかった。このご先祖様が、みんないい人だったとは限りませんよね。村人みんなから好かれていた人もいれば、ちょっと人付き合いの苦手な人もいたでしょう。活発な人もいれば、引っ込み思案の人だっていたはず。純粋な心をもった人、怒ってばかりいた人、泣き虫だった人、まさしくいろいろな人たちの生き方やクセや性格が、み〜んな合わさって、今のわたしが存在しています。そんなこと、あまり考えたことないと思いますが、事実なんですよね」

アメリカ・インディアンの文化では、未来に向けて大切なことを伝えたいとき、よく**「7世代先を意識しながら」**と言うそうです。

それくらい遠い先の子孫に残したいほど大事なことなんだよ、と思いの深さを込めた言葉だと聞きました。

実際の7世代先って何人いるかわかりますか？

お父さんお母さんで2人、お爺ちゃんお婆ちゃんで4人。

そうやって7世代までさかのぼると……、

「128人＝7世代」

そうです。目の前に128人の方たちを並べると、それはイコール7世代の人たちのリアルな数になるのです。

以前、わたしを含めて128人ぴったりの数で、トークイベントをしたことがあります。「7世代先まで意識した自分の生き方をみんなの前で言葉にする」、そんなテーマでしたが、妙に感動する人、嬉しくて笑いが止まらなかった人、途中で泣き出す人、みんなさまざまな思いを遠くにいるだろう子孫に馳せるようにして語ってくれました。

自分が好きな人もいるでしょう。逆に嫌いな人だっているはずです。そういうことは一旦横に置いて、まずは自分がたくさんのつながりのなかで今、ここにいることを感じてみてください。そのことに感謝できる人は、心から感謝してみましょう。「ありがとうございます」と声に出してもいいですね。

「体の気づき」のひとつは、人と人とのつながりです。とくに、体のつながりを意識したり、感じたりしてみてください。体を慈しみましょう。できる限りの尊さを感じてみてほしいのです。

どんな食べ物を口にするか体は素直に反応している

「体の気づき」に思いを馳せるふたつ目は、わたしたちの体は、ほとんどが食べた物でできている、ということです。

ほとんどと書いたのは、知り合いに青汁1杯で30年以上も健康体のまま生きている人がいるから。彼女がどうやって体を維持しているのか真相は謎なので、食べた物すべてでできている、とは書けませんでした（笑）。

とはいえ、わたしも含めた大半の方々の体は、食べた物でできています。

一説によると、半年前に食べた物で今の体はつくられているそうです。

半年前に、どんな物を食べたか覚えていますか？

息子が思春期に大爆発したとき、いくら言葉で言っても平行線だったので、思いきって最後に望みを託した手段が**「自宅での食事を全部手づくり料理に変えること」**でした。数年かかりましたが、料理に込めた心はエネルギーとなって息子に伝わりました。

少しずつでしたが、穏やかな心を取り戻していったのです。

当時は、役職があるにもかかわらず、社長に無理を言って毎日18時で終業とさせていただき、帰路にスーパーマーケットに立ち寄っては食材を購入。息子の夕飯時の在宅率などいちじるしく低いものの、夕飯と昼食は手づくりに徹しました。

どの食事にも思いきり心を込めました。もちろん毎日のことなので、時間的にも凝った料理はつくれません。ただし、なるべくインスタントやレトルトの食材は使わないようにしました。

たとえば麻婆豆腐なら挽肉に鶏がらスープ、豆板醤《とうばんじゃん》と甜麺醤《てんめんじゃん》に生姜とにんにくをきちんと混ぜ合わせてつくるなど、できることはなるべく実践しました。

人間がイライラしたときには、どんな物を食べればいいのか。子どもの成長期にはどんな栄養が必要なのか。どんな化学物質が成長期の体によくないのかなど。あくまでも素人パパさん的な調べ方ですが、最低限のことは心がけました。

体は食べた物に素直に反応します。

たとえば、ご飯やパン、麺類などの炭水化物を多く口にしたり、お菓子や糖分の多い飲料水ばかりを飲んでいると、血糖値が急上昇したり急降下したりしています。

血糖値が急上昇すると、それに反応したインスリンが大量に分泌され、血糖値を下げようと動きます。そして血糖値が急降下するときに、疲れや眠気を感じたり、集中力が低下したりするわけです。

食べる物で体は決まり、体調次第で行動できることも変わってきます。

前述した「思い→行動→具現化（現実化）」にも関連していますが、しっかり行動できる体であるためにも、何を食べるかはとても重要です。

あえてお金をかけたり、かたよった情報で縛られたりする必要はありません。

自分の体に合う食べ物、自分に合った食べ方を知ることから始めてください。

「脳」と「心」の関係について
そのメカニズムを知ること

「情報断食」は「脳」との戦いと書きましたが、司令塔である「脳」と、いろいろなことを思ったり、喜んだり、悩んだり、悲しんだりする「心」の関係も知っておいていただきたいと思います。

「心」はどこにあるのでしょうか？

こういう質問をすると多くの方は心臓のあたりを指します。

これは日本だけではないようで、よく外国映画のワンシーンなどでも「心に刻んでおくよ」というとき、ポンポンと胸を叩く仕草が観られることでもわかります。「ハートが大事」などという決まり台詞のときなども、やはり胸元に手を置くでしょう。温かくて、大切なもので、柔らかそうな、そんな印象がもたれています。

ところが、心はとてもふわふわしていて安定しないものだと教えてくれた人がいました。「情報断食」の真っ最中、２０１１年3月に完成したドキュメンタリー映画「ＳＷＩＴＣＨ」の主人公、筑波大学名誉教授の村上和雄博士です。

村上博士は生命科学の研究をしながらも、「心と遺伝子研究会」なるコミュニティをつくっていて、心と体の遺伝子がどのようにつながっているのか勉強を続けています。そのような博士から、**「心とは脳の内的現象である」**と聞いたのです。

たとえば、心臓病などを患っている人が、人工心臓を移植したからといって心がなくなるわけではありませんよね。そのほかの臓器も、別の人のものや人工物と移植・交換しても心まではなくなりません。

しかし、ひとつだけ「心」の存在と密接にかかわっている臓器があるのです。

どこだと思いますか？

それは「脳」です。

アルツハイマー病という脳疾患がわかりやすいと思います。主に大脳皮質という脳の部分に存在している神経細胞が失われていくことによって生じる病ですが、それが原因で、人格が変わるほどの認知症になる人も少なくありません。何もかも思い出せなくなる人もいるほどです。

じつは、脳のなかにある何百億という無数の細胞たちの働きによって、わたしたちは物事を認知したり、意思を決定したり、言葉を話したり、記憶や学習などの力を発揮することができますが、「心」とは、そのような行為の総体として生じるものだということが脳科学の分野でも明らかになっているのです。

つまり、もし脳に障害が起きたりすると、人格に伴って存在していた「心」にも影響を及ぼし、場合によっては「心」そのものが失われる場合だってあるほどです。

「脳」が体の一部であることは言うまでもありません。

絵本『いのちのまつり』の仕掛けが教えてくれるように、さまざまな人と人がつながってきた歴史とも関係するでしょうし、当然、日々食べる物とも大きく関係しているでしょう。ということは、これからの未来を予測するうえでも、「脳」がどうあるのかは、とても重要になってきます。

国際保健機関（ＷＨＯ）では65歳以上の方々を「高齢者」（80歳以上を後期高齢者）と位置づけていますが、現在の日本では約３６００万人（人口の約4分の1）が高齢者に値するそうです。そして「高齢社会白書」によると、２０２５年には高齢者の5人に１人は認知症になると予測されています。

「思い」が大切なことは何度も書きましたが、さまざまな要因によって「脳」の機能が変化してしまうと「思う」ことにも影響を及ぼし、ひいては人間の行動にも影響することは誰にでもわかることです。

「体の気づき」は、意外と目を向けられていないことだらけだと思います。

私たちの心は生きているからこそ動くものです。「脳」や「心」のしくみにも、しっかり思いを馳せたいものです。

「体が資本」と言われるくらいとても大切な体ですが、ついないおざりにしてしまいがちです。つながり、食べ物、「脳」と「心」……ぜひ日常生活のなかで意識してみてください。

［体の気づき］メッセージ

――体のしくみを知ることで、いのちの活かし方がわかってくる

意識の気づき

わたしたちの「意識」はどうやって生まれるのか？

「５つの気づき」とは、わたしたちそれぞれが幸せな人生に近づくためにも知っておいたほうがいい必要なことだと思いますが、なかでも**「意識」と「人生」のしくみを知ることは**、もっとも大切だと感じています。

ただし、どちらも奥深くて、わたしも探究できていないのが正直なところですので、本書でどこまでお伝えできるのか、半信半疑なのは正直に白状させてください。

現時点で理解している、わたしなりの感覚から言葉をつむぎますので、できれば読者の皆さんといっしょに考えていければ嬉しいです。

わたしは「意識」に思いを馳せるとき、よく車とドライバーの関係でたとえることにしています。最近の若い人たちはカーシェアリングに慣れているので、ひと世代前の人たちのように所有する感覚は少ないかもしれませんが……。

世界には創立100年を超える自動車会社があります。フランスのプジョーやドイツのベンツ、アメリカのフォード、イタリアのフィアット、日本でもダイハツやスズキなどが、それぞれの歴史を大切にしながら技術やデザイン文化を守ってきました。

たとえるなら「車」は、あなたの体のことです。

そして「運転手《ドライバー》」が「たましい」です。

「たましい」に関しては、次の「人生の気づき」でもふれますが、現代科学では解明されていないものなので、宗教的に感じてしまう人も多いと思います。抵抗のある方もいらっしゃるでしょう。

なので、存在する・しないはさておき、まず本書では**「エネルギー（活力）」のようなもの**くらいにイメージしてみてください。

車体だけがあっても、当然、車は走ることができません。ドライバーが運転席に乗って、自分の意思でスタートボタンを押さない限りは動かないでしょう。

先ほど、各自動車メーカーの車にふれましたが、「車＝体」が持っている性能やクセってありますよね。燃費がいいとか、エンジンの回転率がよくてスピードが出やすいとか、スピードはそこそこだけど馬力はあるとか。それらは人間に置き換えるなら体質や感覚にもつながっていて、それが**「意識」を生むきっかけ**となります。

では、「心」とはどういうものでしょうか？

これは車が動いて走りながら車窓から見える景色を眺めてわきあがる「思い」のことです。「心」だけが単独で勝手に存在することはありません。「車とドライバー＝体とたましい」が一体でなければ味わえないものなのです。「体」と「たましい」と「心」はそのような関係になっています。

「意識」や「心」は、「体」に「たましい」が入ることで、ようやく存在するものなのです。

「たましい」「体」「意識」「心」は
つながり合いながらそれぞれの
役割をまっとうしているのです

わたしたちの世界には「４つの意識」が存在している

「意識」の世界は、わかりやすく４つに分類できます。

この後のコラムページの村上春樹さんの世界観でも詳しくふれますが、まず**「わたしの意識」**というものの存在がわかりやすいでしょう。

これは、目の前に置かれた果物を「りんごです」と認識したり、前から歩いてくる知人を「あっ、Ａさんだ」と判別したりできる知覚的なものです。

ところが、次のようなものは意識の世界から飛び出しています。

「美味しそうなりんごだなぁ」
「久しぶりにＡさんとゆっくり話したいなぁ」

これらは意識ではなく「心」の領域となります。感情が湧いたり、情緒的に思ったりするのは、思考がはたらくことによって生じる心の動きなのです。心理学でいうところの**顕在意識**です。日常生活のなかで、主に周囲の状況が正確に判断できるための認識力だと思ってください。

次に、**「わたしの無意識」**があります。

日常的に認識されないけれど、あなたの深いところに隠れている意識のことです。幼少期に体験したことや、もっと深い部分では、あなたの体のつながりが遺伝子的に受け継いできた特徴やクセからも生まれると考えられます。

もっというなら、「たましい」そのものが、これまでに体験してきた記憶も含まれるという解釈もあります。俗にいう「輪廻転生」の考え方です。

これはあくまでも私見ですが、わたしは前世の存在を肯定的に考えています。それは「情報断食」を実践するなかで、自分と向き合う時間を過ごせば過ごすほど、感覚的にわきあがってくる意識のなかに前世を感じる瞬間が何度もあったからです。個人的には確信できています。なので、絶対的に存在すると根拠を提示しながら表現できるものではありませんが、それを前提とした人生観をもっています。

「わたしの無意識」を紐解く術はいくつかあります。カウンセリングで幼少期のトラウマとなっている無意識を解消させる方法もありますし、ヒプノセラピストの力を借りて「退行催眠」なる方法で深いところまで降りていく手段などもあります。

いずれにせよ、プロフェッショナルな技術を要することですので、誰にお願いするかは慎重に選ぶ必要があるでしょう。

無意識の世界は**「潜在意識」**と呼ばれ、よく大きな氷山のイラストと共に、「上数センチが顕在意識、水面下に隠れた大きな山すべてが潜在意識」などと説明されます。

潜在意識の正体は、まだはっきり解明されていません。しかし、わたしたちが住んでいるこの世界の大半が、目に見えるものより、見えないものによってつくられているのと同様に、意識の世界も大半は「無意識」で成り立っているというのが見解です。

ですから心理学という学問の力を借りながら、もっと自分自身を知りたい場合は、きちんと「無意識の世界」を知る必要があると思います。

「わたしの意識」「わたしの無意識」と同様にあるのが、**「みんなの意識」**と**「みんなの無意識」**です。これは集合体として、これまでは国や社会形成などの分野で活用されてきました。そして、人工知能の技術が発達するにつれ、データを解析することで集合的な意識と無意識の分析が容易になってきました。

あくまでも分析ですので、正しい結果につながるかどうかはわかりませんが、アルゴリズム化することによって、予測する精度は抜群にあがりました。

たとえば極端な例ですが、「戦争することに賛成か反対か？」と問うたとき、おそらく「みんなの意識」的にも「ＮＯ！」と出るのは間違いないでしょう。

しかし、新聞の一面にくる情報や週刊誌の広告に並ぶトピックの内容がネガティブなほうが売れ行きがいいのは「みんなの無意識」が望んでいるという矛盾した分析結果となるのも事実です。

「わたしの意識とみんなの意識」「わたしの無意識とみんなの無意識」

これから自分を深める時代になればなるほど、４つの意識を知ることが重要になることがわかっていただけると思います。

［意識の気づき］メッセージ

――「意識」の種類を知ることで未来の予想が見えてくる

4つの意識を知っておくと
いろいろな物事の流れを感じやすくなるよ

わたしたちの意識	わたしの意識
わたしたちの無意識	わたしの無意識

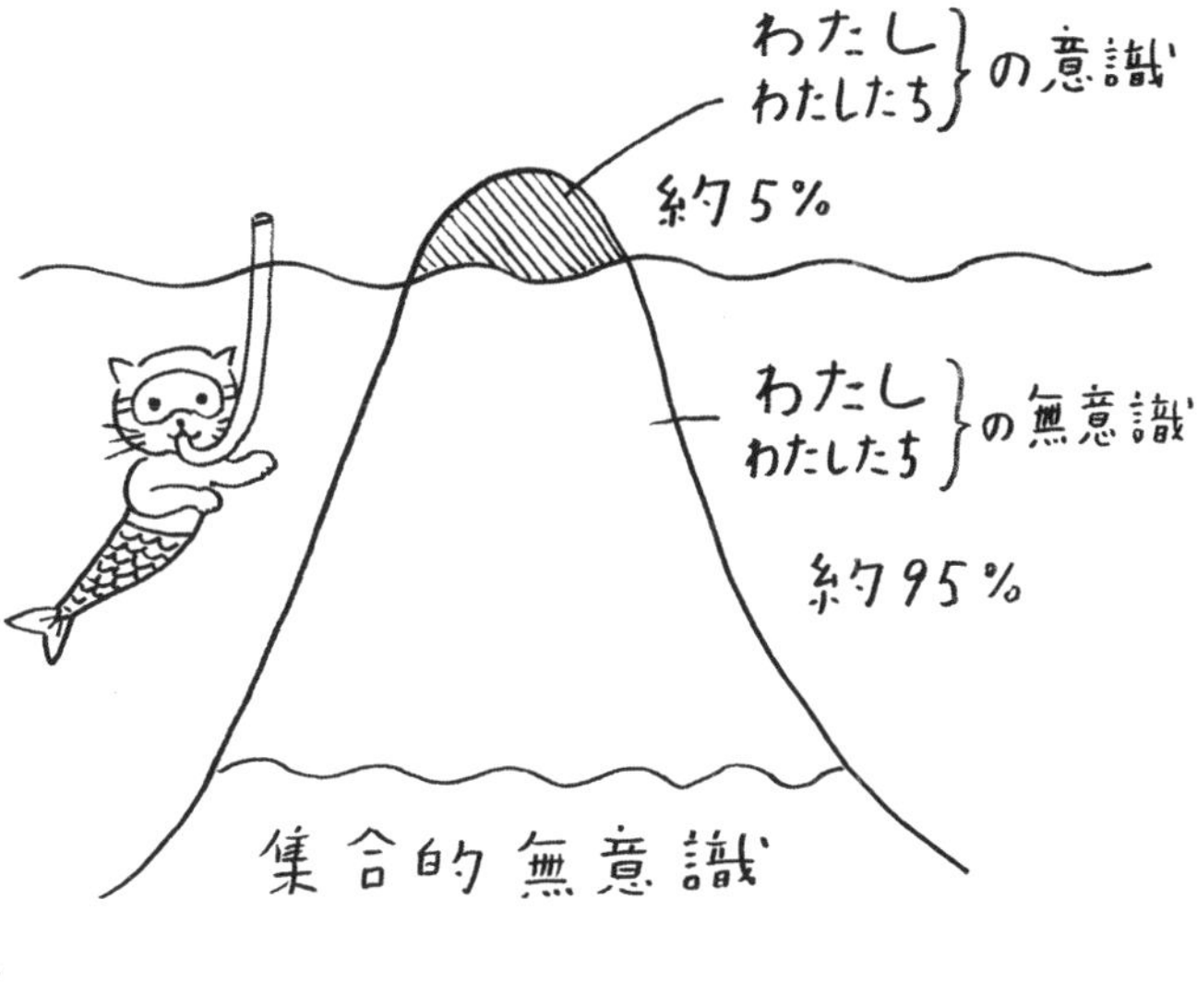

人生の気づき

人生において大切なのは結果ではなく過程を味わうこと

「5つの気づき」の最後は、人生に関するものです。

年齢を重ねるたびにあらためて、人生の深さを感じるのはわたしだけでしょうか。

これまで体験してきたことと、これから味わうであろうこと。あまり過ぎ去ったことを振り返る性格ではありませんが、大いに笑い、大いに悩み、大いに叫び、大いに涙し、そして大いに感動した経験すべてに、感謝の気持ちしかわいてきません。

そのような意識をもてるのも、やはり「情報断食」を実践したおかげ、それに伴って、いろいろな真理と出合い、しくみがわかったおかげだと思っています。

「人生をひと言で表現すると何ですか？」

もしも、そのように問われたら、あなたはなんと答えますか？

一瞬、言葉に詰まってしまうかもしれません。

わたしなら、こう返答します。


「人生とは道です。真っ直ぐに続いている学び道《どう》だと思います」


その道は、体といのちをいただくことによって、初めて立つことができる場所です。道でしか体験できないことが盛りだくさんに詰まっている**学びの場**ともいえます。

真っ直ぐに延びた一本道のうえには、あなた一人だけが立っています。

ゆっくり歩こうが、早足で進もうが、最初から全力で走ろうが、あなたの自由です。道にはゴールがあって、大半の人たちは歩き（走り）終えるのですが、ときおり途中で道から降りてしまう人もいます。それも自由です。自分で選択できます。


途中、何度も道が分かれているポイントに遭遇します。

右に進むのか、左に進むのか。三択もあったり。どれを選択してもかまいません。

そのときの、**あなたの意識（無意識）や思い**が道を選びます。

人生において後悔が生じるいちばんの理由は、**「誰が選択するのか？」**が明確になっていないからです。もちろん、人生に迷いはつきものですが、最終決定をどうやって判断するのかが、結果にもむすびつきます。

そのときの結果とは、道を進んだ先に待っているもののことではありません。「結果」とは、そこまで進むにあたって、どのような過程で、どのような経験をしたのか、ということです。

つまり、最終的に**あなたが味わった体験の感覚**が結果となります。

だからこそ、道のうえでは**「行動すること」**が必要なのです。

思って、行動する。思いを起点に、行動し続ける。

その過程で味わう心の機微だったり、意識の変容だったり、尊い出会いや縁《えにし》、そのような感覚でとらえたことだけが「意識（無意識）の世界」に持っていくことを許されます。そこは言葉を手放した世界、超感覚的な静かな場所なのです。

ナチス・ドイツ時代の壮絶な強制収容所体験を書いた世界的なベストセラー『夜と霧』の著者、心理学者のヴィクトール・E・フランクルは、人生について次のような言葉を残しています。非道きわまる体験をとおしてフランクルが到達した思いです。

「人生に意味を問うてはならない。わたしたちは人生から意味を問われている存在なのだ。生きるとは、日々そして時々刻々と問われていることに答えていくことである。正しい態度や使命によって、答える責任を果たすことにほかならない」

わたしたちは意味を問われている存在。生きていくなかで、それを表現していく存在なのです。だからこそ、あらゆる体験と経験を駆使しながら、いかに人生という道を進んでいくのかが大事です。「人生の気づき」のいちばんのポイントです。

そして、もうひとつだけ大切なことを付け加えておきます。

理想的な命題です。これがクリアできるかどうか大きなテーマです。

人生という道をいかにして楽しく進むことができるかな？

「5つの気づき」を活用して自分らしく人生を楽しむ

人生のしくみが腑に落ちれば、あとは、わたしたちをとりまいている残りの「4つの気づき」を理解しながら、いかに活用するのかに集中すればいいでしょう。

時間の気づき

わたしたちをとりまく「3つの時間」をどのようにとらえて活用するか

世界の気づき

世界がつくられるしくみを知ることで「思い」の大切さを理解しよう

体の気づき

体全体を活用して「自分らしく、自分の言葉で、自分の幸せ」をつかもう

意識の気づき

たくさんの「意識」や「無意識」を使って人生の意味を見出そう

わたしの力量不足もあって、「5つの気づき」を活字のなかに閉じ込めてしまうのは、とても哲学的な、観念的な雰囲気を味わわせてしまうことになるかもしれません。その点は、どうぞお許しください。

今後、さらに「情報断食」を実践するなかで、もっと適切な表現が見つかればさまざまな手段で発信していこうと思っています。

10年間の体験のなかで、いろいろなものが削ぎ落とされ、静かに泉が湧いてくるような感覚で、小さな真理の芽が開きかけたところです。わたし自身も人生という道のうえで行動しながら、さらに研鑽を深めていきたいと考えています。

共に学ぶ人が増えることを願って。

【人生の気づき】メッセージ

――人生の意味は体験をとおして、わたし自身が答えていくもの

コラム｜なぜ村上春樹は世界で読まれるのか？

ミラー・ニューロンがはたらいてわたしたちの意識は共鳴をつくる

「5つの気づき」でもふれた「意識」……それが「わたし」の単数系であろうが、「わたしたち」の複数系であろうが、それらが進んでいく方向を感じ取ることは、未来を考えるうえで、とても大切だと思います。

「意識」は重要なキーワードです。今後、人工知能（AI）が技術的進歩の果てに、独自の「意識」をもつかどうかが大きな議論となるでしょうし、そのとき人間の「意識」がどのように変化しているのかも気になるところです。

やはり目に見えないものですし、よくわからない印象がありますよね。ところが、**意識と「思い＝心」は密接に連動**していて、わたしたちが住んでいる世界全体をつくってきたことは紛れもない事実です。

そのことを踏まえながら、わたしがいつも注目しているのが、小説家の村上春樹さんの動向です。正確にいうなら、**春樹さんが創作する物語が世界中で読まれている現象**にふれることから、**「わたしたちの意識」**がどこに向かうのかを感じ取れるのではないか、と予見しています。

村上春樹さんのことをここで詳しく紹介する必要はないでしょう。日本を代表する小説家であり、現在、世界53か国・地域で作品が翻訳されています。新作が刊行されるたびに世界中で数千万人の読者が歓喜し、話題が駆け巡るほど。毎年、ノーベル文学賞の候補になるので、名前を目にした方も多いのではないでしょうか。

政府や大きな力からの支援は受けず、自らの思いの強さと行動力で米国でのネットワークを築き、成功を手にした村上春樹さんの作品は、なぜ世界で読まれるのか。本章のテーマにも絡めながら考察してみたいと思います。

2006年、東京・札幌・神戸の3都市で「春樹をめぐる冒険—世界は村上文学をどう読むか」が開催されました。世界17か国から翻訳者をはじめとした関係者が一堂に集まり、1人の小説家を軸にしたシンポジウムを開いたのです。その基調講演として、米国の作家リチャード・パワーズさんが登壇されました。

「ハルキ・ムラカミ　広域分散—自己鏡像化—地下世界—ニューロサイエンス流—魂シェアリング・ピクチャーショー」

彼は講演で意外な話をしました。のちに世界的なベストセラーとなる『ねじまき鳥クロニクル』を村上さんが執筆中とほぼ同年、イタリアの神経生理学者チームが**「ミラー・ニューロン」**という脳細胞を発見したことについてふれたのです。

これは、他者の行動を即時に理解して「共鳴する」運動神経細胞のことでした。もともとはサルの実験から発見されましたが、サルのみならず人間にも備わっていることが定説になっています。相手のことを鏡に映ったようにマネをする細胞です。「共鳴する」のは相手の行動や言葉だけでなく、表情、相手の意図の理解、感情を認知することからも反応するようで、見ることよりも想像するときのほうが共鳴度が高まることも発表されています。

パワーズさんが基調講演で言いたかったのは、春樹さんが海外でのインタビューにおいて、次のような発言をしていることと関係しています。

「僕たちは自分のなかにいろんな部屋を持っています。その大半を僕たちはまだ訪れていません。（中略）でも時おりそこへの通路が見つかることがあります。（中略）古い写真、絵、本（中略）それらは僕たちのものなのに、初めて見つけたものなのです。（中略）夢というのは集合的なものだと思います。自分のものではない部分も夢にはあるのです」

パワーズさんは村上さんの発言を引用しながら、それは、**ユングの集合的無意識**のようなものになっているかもしれない、と語りました。人間が共有する心の地下の真実。そうした真実が、まるでミラー（鏡）に映るように、ムラカミ文学の活字をとおして読む者の心に現れる。ハルキ・ムラカミが紡ぐパラレルな世界は、わたしたちがもついろいろな部屋を訪ねるきっかけとなっているのではないか、と。

それが底流にあるからこそムラカミ文学は、たとえ言語が変わっても世界中で受け入れられる。物語という非日常の力を借りて、わたしたちみんなで共有する世界へと向かっていけるのが魅力なんだと、パワーズさんは語っていました。

世界と向き合うために小説家がくぐらせている場所

村上春樹さんご本人も、多くのエッセイやインタビューのなかで、自身の創作法にふれながら**意識と無意識の世界**について語っています。

女流作家の川上未映子さんとの秀逸な対談集『みみずくは黄昏に飛びたつ』のなかでも、それにまつわるいくつもの発言をしていました。

川上さんが、**「地上における自我というものにまったく興味がない」**という村上さんの発言を持ち出して、もう少し詳しく知りたいと訊ねたところ、**「それはボイスの問題だ」**と前置きしながら答えています。

「自我レベル、地上意識レベルでのボイスの呼応というのはだいたいにおいて浅いものです。でも一旦地下に潜って、また出てきたものっていうのは、一見同じように見えても、倍音の深さが違うんです。一回無意識の層をくぐらせて出てきたマテリアルは、前とも違うものになっている。それに比べて、くぐらせないで、そのまま文章にしたものは響きが浅いわけ。だから僕が物語、物語と言っているのは、要するにマテリアルをくぐらせる作業なんです。それを深くくぐらせればくぐらせるほど、出てくるものが変わってくるんですね」

つまり、村上春樹さんは、ただ自分の意識下のアイデアをそのまま小説にするのではなく、**もっと深いところ＝無意識の層**にまで降りていって、そこをくぐらせて物語にする、と言っているのです。

そのような**「くぐらせる」行為**から生まれた物語だからこそ、彼の小説が、心の奥にある知らない部屋と出合うための装置になるのでしょう。ムラカミ文学に世界中が熱狂する理由がそこにあるとわたしは思います。

先の章で、世の中が、自分を探すことから自分を深めるモードになっていくと書きました。村上春樹さんが紡ぐ物語とは、じつはすでに、わたしたちが自分を深めていった先でふれる**集合的無意識＝「わたしたちの無意識」の果て**に行き着いているような気がしてなりません。それは彼の創作方法からも読み取ることができます。

村上春樹さんは、自身が書く小説を一軒の家に喩えて話します。

それは地上2階、地下2階建ての構造になっています。

1階はみんながいる団欒《だんらん》の場所。2階に上がると自分の本もあるプライベートな部屋。そしてこの家の地下1階には、ちょっと暗めだけど、わりと誰でも降りていけるようなスペースがある。おそらく日本の私小説が扱っているのは、この地下1階であり、近代的な自我みたいなものも地下1階だろうと。

それを確認したうえで、対談相手の川上未映子さんが補足しました。


「さらにそこから地下2階に降りていくこと——それも含めて、フィクションを扱うということは、とても危険なことをしていると思っているんです。（中略）フィクションというものは実際的な力を持ってしまうことがあると思うからです。そういう視点で見ると、世界中のすべての出来事が、物語による〝みんなの無意識〟の奪い合いのような気がしてくるんです」

対して村上さんご自身も**「集合的無意識の怖いところです」**と返答しています。

村上春樹さんの創造力を
表現したお家の絵

『みみずくは黄昏に飛びたつ』（新潮文庫）内の図版を参照に作製

いかにして「影」と向き合うかが「わたしたちの意識」の課題

わたしが村上春樹という稀有《けう》な作家に惹《ひ》かれるのは、彼の視点がどこを見ながら物語を紡いでいるのか、という点です。彼は、それが集合的無意識だと語りました。そこをくぐらせるのだ、と。

1990年代から間違いなく彼は世界中から注目される小説家となりました。彼が発信する物語は、国境を超えて人々の心の奥にしみ込んでいったのです。世界中に数多いる小説家のなかで、なぜ彼が短期間で「世界のムラカミ」になれたのか？　その最大の源泉にふれることができれば、彼と同じことはできないまでも、**世界中の人たちと共有できる仕組みを人間力でつくれるかもしれない……**そこに大きな希望を感じるのです。ちょっと壮大すぎる仮説かもしれませんが、村上春樹さんは、それを小説家として実現させせました。

彼が日本人であるということも、わたしは大きく影響していると感じます。

「僕は思うんだけど、集合的無意識が取り引きされるのは、古代的なスペースにおいてなんです。古代、あるいはもっと前かもしれない。僕が〝古代的なスペース〟ということでいつも思い浮かべるのは、洞窟の奥でストーリーテリングしている語り部です。原始時代、みんな洞窟のなかで共同生活を送っている。日が暮れると、外は暗くて怖い獣なんかがいるから、みんなかにこもって焚き火を囲んでいる。寒くてひもじくて心細くて……、そういうときに語り部が出てくるんです。（中略）コンピュータの前に座っていても、古代、あるいは原始時代の、そういった洞窟のなかの集合的無意識みたいなものとじかにつながっていると、僕は常に感じています。（中略）自分の前で聞き耳を立てている人たちの顔を見ている限り、自分は決して間違った物語を語っていないという確信は持てます。そういうのは顔を見ればわかるんです」

毎朝4～5時には起床し、長編を執筆中であれば原稿用紙10枚以上は書かず、午後は決まって10キロをランニングして、午後9時頃には就寝……まるで修行僧のような生活をくり返しながら、そんな小説家だからこそ、彼は原始時代の洞窟のような場所とつながれることが許されたのでしょう。そして語り部のように地下深くから物語を紡ぐのでしょう。

それは、**「わたしの意識」**から**「わたしの無意識」**へ、そして**「わたしたちの無意識」**へと降りて行きながら、彼自身にも見当がつかない物語を紡ぐ行為にほかなりません。

わたしたちの無意識の奥の奥にあるものは、決してキレイで輝かしいものばかりではありません。この世界の現実で起きていることを見ても、よくわかると思います。しかし、それさえもしっかりと見つめながら先へ進むなら、わたしたちはもっとあらゆるものと共存共栄できる世界をつくることができるようになるかもしれません。

そのとき、きっとミラー・ニューロンのような細胞が最大限に力を発揮して、世界中の人たちがまたたく間に共鳴し合う現象が起きることでしょう。

2016年、デンマークの童話作家アンデルセンにちなむ「ハンス・クリスチャン・アンデルセン文学賞」を受賞した式典でのスピーチで、村上春樹さんは次のように語っています。童話作家として名を馳せていたアンデルセンが書いた、希望のないファンタジー短編小説『影』を読んだ感想を交えながらの内容でした。

「僕が小説を書くとき、筋を練ることはしません。いつも書くときの出発点は、思い浮かぶ、ひとつのシーンやアイデアです。そして書きながら、そのシーンやアイデアを、それ自身がもつ和音でもって展開させるのです。言い換えると、僕の頭を使うのではなく、書くプロセスにおいて手を動かすことによって、僕は考える。こうすることで、僕の意識にあることよりも、僕の無意識にあることを重んじます。（中略）

僕自身は小説を書くとき、物語の暗いトンネルを通りながら、まったく思いもしない僕自身の幻と出会います。それは僕自身の影に違いない。そこで僕に必要とされるのは、この影をできるだけ正確に、正直に描くことです。影から逃げることなく。論理的に分析することなく。そうではなくて、僕自身の一部としてそれを受け入れる。でも、それは影の力に屈することではない。人としてのアイデンティティを失うことなく、影を受け入れ、自分の一部の何かのように、内部に取り込まなければならない。読み手とともに、この過程を経験する。そしてこの感覚を彼らと共有する。これが小説家にとって決定的に重要な役割です」

第5章

未来はきっと楽しい世界へ

第5章のポイント

未来はきっと楽しい世界になる
そんな想像力をはたらかせながら
小さな物語を編んでみました
お爺ちゃんとおっさんがくり広げる
実話のような大晦日の夜の出会い……

それはインフルエンザの夜妄想を見るようにやってきた

それは2019年、大晦日の夜。

僕は1人、ベッドのなかで丸まりながら唸っていた。

もうろうとした意識で体温計を脇にさして測ると「38・5度」。

ああ、いよいよ熱が上がり始めたな。


こんな年末にインフルエンザA型にかかるなんて最低で最悪だ。

なんとか町医者の診察を受け、特効薬（タミフル）を処方してもらったものの、今日から約1週間、たった1人で過ごさなければならない。

独りがつらくて寂しいわけではない。そんなものは、もう慣れっこだ。

いい歳になっても独り身で、再婚のあてもない。というか、今は恋人すらいない（まぁ自分からつくらないことを望んだのだけど）。気楽な50代を楽しんでいるが、病に襲われたときは、一抹の不安が頭をよぎった。

孤独死って、こういうところからどんどん近づいていくんだろうな。

最初は少しずつ体力が弱っていって、そのうちだんだん自力で動けなくなり、排泄行為もままならず、最期はまったく動けないうちに寝ていた場所で息をひきとる……。

どんな気分なんだろう？　誰のことを思い出すのかな？

と、ここまでならまだしもいいが（よくはないけれど）。

問題は、発見されるまでのプロセスだ。

時間が過ぎていけばいくほど、孤独死の輪郭が熱をおびていく。変な話、もしも独りきりで亡くなって、その翌日に発見された場合なら、たとえ猛暑の夏でもわりと素のまんまで発見されることになる。

このケースなら同じ孤独死でも、まだ「あの、おっさん。独りで死んじゃったよ。可哀想に」くらいで済むだろうね。問題は、これが半月とか1か月、数か月後だった場合だ。完璧に悲惨な孤独死の物語ができあがってしまう。

大家さんにも迷惑をかけることは間違いないが、異臭騒ぎは隣人の記憶に「孤独死現場の隣人」という烙印《らくいん》を押してしまう。そして「勘弁してくれよ！　ふざけんなよ！」

と恨みの念を生んでしまうに違いない。嗅覚がとらえた強烈な匂いとともに。

「そんなことは避けたい……」

おいおい、ちょっと待て。いったい僕は何を考えているのだろうか。

体温の上昇とともに、バカげた妄想が止まらずに浮かんでくる。

タミフルの副作用なのか？　それとも。

両目をしばたたかせながら、トイレで絞り出すように用をたしたあと、とりあえず脱衣場に寄って、ありったけのフェイスタオルを手にして枕元に積んだ。あとは冷蔵庫から持ってきた冷水入りのボトルを2本、タオルの横に並べる。

今、できることはこれしかない。これで、まずは今夜と明日の午前中くらいは様子をみてみよう。「あと数時間で新年かよ……くそっ！」と叫びたかったが、そんな気力はなかった。とにかく目を閉じて、孤独死以外のことを考えよう。

以外のこと、以外のこと……。

そのとき、キッチンからガラスの割れる鈍い音が聞こえた。

新年を迎える直前の台所に
23年後からお爺ちゃんが登場！

「パリンッ！　……ジャリッ……」

えっ？　確かに音がした。

二度目の「ジャリッ」は、あきらかにガラスの破片を踏んづけたような音だ。冷蔵庫から水を取ったとき、もしかしたら体にふれた食器をそのままにしてしまって、たった今、何かの拍子に、バランスを崩した食器が床に落ちて割れたのかもしれない。深夜のキッチンで。

ううん、それならそれでもいい。

明日の午後にでも、気分が優れていれば、片づけたらいい。

「いや、待てよ」とすぐさま頭のなかに別の言葉が浮かぶ。

「1月1日から割れた食器を片づけるのか？　腐るものでもあるまいし。明後日でいい、明後日で」

そう結論づけて、一旦、枕に頭を埋めた。とにかく寝よう。眠れなくても寝る努力をしよう。それがいい。早くよくなろう。まだ、闘いは始まったばかりだ……。

ふたたび鈍い小さな音が聞こえた。えっ？　誰かがいる。キッチンに。あのわずか2畳ほどのスペースに、真っ暗ななか、確かに誰かがいる気がする。

「そんなわけないだろが」と頭のなかで独りごちる僕。今度は幻聴か？

「ジャリッ……」

二度続く幻聴は、幻聴じゃない。

二度続く幻聴は、幻聴じゃない。

そんな金言なんかないけれど、まるでその言葉を唱えるようにくり返しながら、それでも僕の思考は熱をおびた体を起こそうとしている。

ここから徐々に、僕の体はインフルエンザウイルスに冒されるわけだから、動けるときに動いておこう。節々の痛みをこらえながら、まずは四つん這いになり、土下座をした姿勢を起こすような感じで、両手に力を入れる。

これは昔から僕の特性みたいなものだけど、何かをやっているときに別の記憶が蘇ってきて、現状の自分とは別に、蘇った記憶の出来事が覆いかぶさるように現実を隠すクセがあった。他人様が見ると、何やってんだよって話になるんだ、いつも。

「そういえば……人生に一度だけ、土下座をして謝ったことがあったな」

なんで、今？　そんな記憶？　蘇ってきたのだから仕方ない。

まだ20代の後半、ある撮影の仕事で、カメラマンを二重発注してしまった。二度目に依頼したカメラマンから承諾の返事をいただいて段取りを進めているとき、最初に依頼をしたカメラマンから「ぜひ、やりますよ」と返事が届いた。

「いやぁ、もう決まってしまいました」

まだ若かった僕は、笑いながら電話で軽く答えたのだが、それがよくなかった。電話口の向こうで激怒したカメラマンはそれでも怒りが収まらず、真夜中のファミレスに僕を呼び出したのだ。

「おい、こっちが返事をしないまま、新たに別の人間に依頼するとはどういう了見なんだ！　筋が違うだろ、筋が！」

幸い、平日の深夜だったので客は僕たち2人しかいなかったが、鬼の形相をした彼は、ここで土下座して謝れ！　と僕に迫ってきた。

遠くで若いウェイトレスが不安そうにこっちを見ているのがわかった。

「あなたがすぐに返事をよこさなかったのは、どうなんですか？」

そんな言葉が喉元まで出かかったが、早くことを済ませたかった僕は言われるまま、シミのついたカーペットの床に額をつけて、両腕を曲げながら謝った。

真夜中のファミレスには、マイケル・ジャクソンの「ビリー・ジーン」が流れていた。こんな夜中にマイケルかよ。そんな細部まで覚えているなんて。


と、そこで思考は現実に戻り、僕はよろよろと体を起こしてベッドルームの灯りをつけた。ただでさえウィルスのおかげで瞼が重くて目が開きにくいのに、急な明るさでなおさら見えない。壁伝いに廊下まで出て、ゆっくりと歩き始めた僕の前に、甚平を着たお爺ちゃんが現れたのだ。

驚いて、とっさに両目が開いた。一瞬、息が止まる。よく見ると……。

お爺ちゃんが立っていたこともそうだが、それが僕自身だったことに、二度驚いた。

108回の除夜の鐘が鳴り終わるまでの時間に

「落ち着け、落ち着け……」

ベッドルームから漏れた明かりに映し出されたお爺ちゃん。

顔はシワだらけだったが、頭のハゲ具合から、すぐに自分だとあらためて確信した。

向こうも、こっちを見ている。見つめ合う2人……。

何歳くらいなんだろうか？　目の前のジジイは？

これは、きっと夢に違いない。インフルエンザの幻覚だ。いや、タミフルの幻覚なんだ。頭の奥ががんがんする。なんとか両足で立っているが、膝の関節も痛くて今にもガクガクしそうだ。

そうだろう、そうに違いない。くだらない幻覚が僕を襲ってきたんだ。お爺ちゃんになった自分と大晦日の夜に出会うなんて。

もう1月1日になったのかな？　これ、初夢なんだろうか？

「うーむ……こんなこともあるんだなぁ」

お爺ちゃんが静かに口を開いた。

「やぁ、どうもです」

そして、ぺこりと頭を下げる。

「えっ？　どうもです、って何？」、僕はまだ心臓がドキドキしたままで、お爺ちゃんの、いや、お爺ちゃんになった自分を見るのが精いっぱい。

と、次の瞬間だった。

「ふん、ふーっん」

お爺ちゃんの僕は、鼻の穴を開いて威勢よく空気を吐き出した。

大御所の演歌歌手の鼻の穴にも似た両穴は、空気を吐いたあとも大きく開きっぱなしだ。それは、昔から心を落ち着かせるための、僕のクセのような仕草だった。

僕はとっさに、なぜか小さく笑ってしまった。

すると、お爺ちゃんも笑った。声を出して、笑った。

よくよく考えると当たり前のことだが、それは僕の笑い方そのものだった。

「こんなことも、あるんだなぁ」

お爺ちゃんは、ふたたびそう言った。

「おいくつなんですか？」

「オレか？」

「そう、僕の……オレ？」

「なんだか弱ってるなぁ。キミは」

僕の顔を覗き込むようにして、お爺ちゃんは半歩前進してきた。

「あのぉ、これは、夢なんですかね？」

「知らん」

そう言いながら、お爺ちゃんは右手に握っていた破片のようなものを見せた。

「鏡で自分の顔を見ようとしたら、いきなり割れたんだよ。なにもしていないのに。気づいたら、真っ暗なところに立っていた。ここは、どこだ？」

「僕の部屋ですけど」

そこはマンションの一室で、2年前、長年お世話になった会社から独立して、たった1人だけで立ち上げた僕の会社の、オフィス兼自宅だった。

遠くから鐘の音が聞こえた。

「あっ？　今、何時ですか？」

「何時だと？　知らんよ、時間なんて」

「そこ、振り返った後ろが、リビングになっています。とりあえず、そこに座りましょうか？」

「ああ、思い出してきた。あのときの部屋か。海の近くの……」

よろよろした動作でベッドルームに戻り、僕はパジャマのうえからカーディガンを引っ掛けてからリビングに向かった。お爺ちゃんになった僕は、勝手を知ったようにリビングの電気をつけて、２脚置いていたイスのひとつに座った。知っているのは当たり前か。昔、自分が住んでいたのだから。

冬なのに甚平姿のお爺ちゃんは、正面に座った僕の顔を見るや、

「具合悪そうだな、キミ」と言ってきた。

「インフルエンザにかかりまして……」

「インフル……。ああっ、思い出した。思い出したぞ。大晦日の夜だ！　インフルエンザで寝込んだやつか！」

「知ってるんですか？」

「当たり前だろうよ。オレなんだから」

そうですよね。知っていて、当たり前ですよね。

「今日から1週間、苦しんだなぁ。後にも先にも、元日にインフルエンザなんて、そんな体験はなかったぞ。ははは」

ははは、って。こっちは笑えないです。

でも、待てよ。どう見ても80歳前後だろうから、これから起こる僕の未来を全部このお爺ちゃんは知ってるって、わけか。

「おい、聞くなよ」

「えっ？」

「これから自分が、どうなるかなんて、オレに聞くなよ」

「バレましたか」

「キミが考えていることくらい、けっこうお見通しだよ」

「どうして、ですか？」

「だって、オレだから」

確かに、そのとおりだ。50代の僕と、80歳みたいな僕なら、経験は向こうのほうが上だ。いやいや、何を言ってるんだ、僕は。頭のなかが混乱してきた。

「もうすぐ、深夜の12時になるな。除夜の鐘もあと少しで打ち終わる。１０８つの煩悩を打つ音が鳴り終わるまでの時間、きっとオレたちは会っていられるさ」

そう言うと、お爺ちゃんの僕は後ろを向いて、ほんの10センチほど窓を開けた。隙間から冷たい風が吹いてきて、熱っぽい僕の体を冷ましてくれるようで心地よい。

「この鐘が鳴り終わるまでだな。そこまでの時間、話をしようじゃないか。キミが聞きたいことに答えてやろう。ただし、自分がどうなるかなんて、こまかいことは聞くなよ。答えられることと、答えられないことがあるからな」

「答えられないことって、なんですか？」

気がついたら、未来の自分なのに、僕は妙に敬語で話していた。どこかで夢だと思っているからだろうか。まだ半信半疑なのか。

窓の隙間から、風とともに除夜の鐘が聞こえている。少しだけ潮の匂いがした。

穏やかな心が大切だと お爺ちゃんは言った

「オレは78歳だけど、キミは、いくつのオレだ?」

「ちょうど23年後、なんですね? 見えないですね。78に。僕は、55歳です」

「楽しく生きてるからね。23年後の未来は、キミがいることは、まったく世界が変わっているからな。人間も進化しているぞ。おっと、言い過ぎは禁物。口にチャックだ。はははっ」

組織から離れた僕は、それまで味わったことのない自由を手に入れたけれど、少しだけ気弱になっている自分のこともわかっていた。

もっと自分の役割や使命に集中して生きてみたかった。今生の最期を、「ああ、生ききった」と納得して生きたかった。ちょうど10年近く、「情報断食」を実践してきて、自分なりにある感覚はつかんだつもりだったから。でも、このままでいいのだろうか。

ある感覚とは……。

これから僕たち人間の、深い意識の部分がつながり合って、もっと人類全体の意識がよくなっていくことを感じていること。これからの未来を創っていく若い世代の人たちが、動きやすい環境で生きていけるように、もっと僕たちの世代がほんとうに大切なことを伝えていけるように動くこと。やるべきことは見えているけれど、まだまだ頂《いただき》までいくには、道のりは遠くて険しい。

「いくつかの大切なことだけ置いていこう」

お爺ちゃんの僕は、甚平の両そでを捲《まく》り上げて、腕を組みながら言った。

「穏やかな心をもつこと。何が起こっても軸がブレないように静けさを味方にすること。そして『思い』を大切にすること。もうひとつ言うなら『想い』の力も実感すること。『思い』と『想い』は本然が違うから、そこをしっかりと理解すること。あと数年すれば、キミは、そのことに気づいて歩き始めるだろう。その感覚を忘れないこと」

「穏やかな心、かぁ……」

これから世界は、進化したテクノロジーによって急速な変化を迎えることは、僕の感覚でも予見できていた。これまで味わってきた20年余りの時間と、これから迎える

20年の時間では、まったく「質」が違ってくる。人類は、これまでに体験したことのない変化を体験するだろう。働き方も暮らし方も変わるだろうし、人間の生き方や在り方さえも変わってくる。もう後戻りはできない。そのためにも「穏やかな心」が大切になってくるってことか。

「少しだけ、未来のことについて話そうか。オレが住んでいる時代のこの国は、もう老人ばかりになって、経済的な力は残念ながら弱い。若者も少ないし、全人口も激減している。それは、キミの時代からもすでに予測できているだろう。

しかし、この国の精神性が世界にもたらす影響力は、決して弱くはないぞ。伝統的な文化の豊かさ……和や平和を重んじる心、他者をおもんぱかる優しさ、礼儀正しさやおもてなしや共存共栄の精神。それらが世界を癒すエネルギーとなるんだ。

そこをしっかりと見据えて、今からできることを仕込めばいい。もちろん、たった1人では実行できないから、仲間をつくりなさい。キミは人と群れるのが苦手だから、相変わらず苦労するだろうが、な。それでも同志をふやすこと。それが、これからの仕事だよ」

まだ除夜の鐘が鳴り響いていた。煩悩の108つは消えていない。しかし、もうそろそろ終わる頃だろう。日付は1月1日に変わって、２０２０年が始まる。


「そろそろ、だろうな」

「そろそろ、ですかね？」

あらためて、目の前に座っているお爺ちゃんの僕の顔を見てみた。つるつると光った頭皮には、無数のシミが張り付くように黒ずんでいる。冷静に見てみると、体全体が小さくなっている。生きていくって、見た目は小さくなることだけど、反対に心のなかが大きくなっていくことなのかな。

首から肩甲骨のあたりが、妙に重たく感じられて、心なしか悪寒もしてきた。

「1週間、がんばれよ。まぁ、がんばれたからオレもここにいるんだけど」

今までに見たことがないくらい笑顔を見せてくれたけれど、そのせいで歯がほとんどないことに気がついた。僕も、その顔を見て、笑った。

「最後に、もうひとつだけ聞いてもいいですか？」

「どうぞ、なんだ？」

「『死』について、今はどんな考えでいるんですか？　78歳の僕として」

死生観を変容させることがこれから大切になってくる

「『死』って深いテーマだよな。人類はずっとそのテーマと向き合ってきた。あるときは宗教をとおして。またあるときは哲学や心理学をとおして。しかし、誰も正しい答えを導き出してはいない。というよりも、そもそも答えなんてあるんだろうか。オレが今、78歳なりに感じていることは、『生』の延長でしか『死』は存在しないってこと。つまり生ききることでしか『死』の本質は見えてこないと思うんだ。だから、『死』を恐れることは、すなわち『生』を恐れることになる。『生』を恐れるってなんだと思う？　それは、自分自身をしっかり見ないで、自分らしく人生を生きていないことではないだろうか。以上。オレの演説は、おしまい」

腕を組むのをやめた78歳の僕は、ダイニングテーブルの上に置いた鏡の破片を手に取ると、覗き込むような仕草で黙って鏡を見つめた。

「鏡を見ることでしか自分を見ることもできないなんてなぁ。しかし、今夜は鏡なしで、それも若い時代のキミを見ている。いいかい？」

「はい」僕は少しだけ意識が朦朧《もうろう》としてきた頭を縦に振って返事をした。

「今のキミもきっと感じていると思うが、人生を楽しめ。とことん、楽しめ。この世界はゲームなんだよ。そうやって楽しむ気持ちがあれば、山あり谷ありでも結果はすべて楽しみに変わる。しかし、つまらないと思ってしまうなら、何が起きようとすべてがつまらなくなるんだよ。じつに、単純でシンプルな世界なわけ。

ここにいるキミが、これから23年間、どんな体験をするのか。まぁ、いろいろあるよ。喜びも、怒りも、哀しみも。しかし、最後は楽しみに変わるんだ。全部、パァ〜ッと晴れわたる空のように。そこが生きていくポイント。パァ〜ッと、晴れわたる空のようにな」

晴れた空、大好きですよ。太陽を見るのも好き。あの開放感。最近、晴れた空を見ていないなぁ……。体調がよくなったら、海に行こう。冬の海だけど、素足になって、波打ち際でアーシングをしてみよう。キンキンの冷たさが足の指先から全身に染み渡るように広がって、僕の目を覚まさせてくれるかもしれない。キンキンが必要だ。今の僕には、キンキンの冷たさが必要なんだ。体が熱いぞ。燃えるように熱い。太陽のせいか？　いや違う。僕は今、インフルエンザAにかかっているんだった。

レースのカーテンからベッドルームに陽射しが入り込んでいる。

びっしょりかいた寝汗で、パジャマが重くなっているのがわかる。寝返りを打ってみる。まだ熱があるな……。とにかく一度、着替えよう。ベッドから起きて着替えることにしよう。

羽布団も、たっぷり熱を吸い込んでいるようだった。そっとめくると、ぬるくて酸っぱい空気が鼻をついた。枕元のタオルで額の汗を拭きながら、重い体を起こした。

何時だろうか？　今日は、元日だったんだよ。

肌に張り付いたパジャマを脱いで、部屋着のジャージに着替えてからリビングに行った。2脚のイスが、いつもどおりに置いてあるのが見える。やっぱり、夢だったんだな。そう思いながらキッチンに目をやると、沖縄で買ったお気に入りの青い皿が床に落ちて割れていた。鼻で、ため息をついた。きっと2つの穴は全開だったと思う。

一瞬、片づけるのが面倒だと思ったのだが、あのターコイズブルーの皿が割れてしまったことも、そこそこのショックで、早く欠けらを集めてあげたい気持ちになった。大好きだったのになぁ。沖縄の大海原を元に戻さなきゃ。

重い体をかがめて、欠けらを拾い始めた僕は、不思議なことに気がついた。

一瞬、曖昧な記憶に光が差した気持ちになった。

「あれ？　これって……」

青い欠けらたちのなかに、たったの一枚だけ、小さな鏡の破片が混じっていた。

指でつまめるくらいの、三角形をした鏡。

リビングの窓から見える空は、割れた皿に負けないくらいに青かった。

元日にこんな快晴だなんて、何年かぶりじゃないかな。

ボーッとした頭をあげて、割れた三角形の小さな鏡を青い空に重ねてみた。

歯のない笑顔の僕が、そこに映って見えた気がした。

おわりに

静かな心で見えてくるもの

わたしが編集の「へ」の字を教わった出版社に在籍中、いちばんの思い出は、2003年4月、1冊の本を形にできたことです。

タイトルは『「原因」と「結果」の法則』（原題：As a man thinketh）。

刊行から17年を過ぎた今でも読み続けられていて、累計67万部まで版を重ねました（シリーズでは100万部を突破）。

原書は1902年、英国の南西海岸にあるリゾート地イフラクームに住む30代半ばの無名の青年ジェームズ・アレンさんが書いた思想書です。またたく間に世界中へと広がり、一説によれば聖書に次いで読み継がれているとも言われています。

彼は徹底して**「思い」**の大切さを説きました。

「思いと人格」「思いと環境」「思いと健康」「思いと目標」「思いと成功」など、わたしたちの**思い＝心**が、いかに人生と世界に影響しているのか。シンプルな言葉でわかりやすく伝えてくれました。

そんな彼が、本書を締めくくる最後に記したのが**「穏やかな心」**でした。

「穏やかな心は、このうえなく美しい知恵の宝石です」

静かで穏やかな心こそが、自分自身を正しくコントロールし、純金よりも価値があるのだと、今から120年ほど前に書き残してくれたのです。

『サピエンス全史』で壮大なホモ・サピエンスの歩みを紐解き、次作『ホモ・デウス』では、一転して科学と人類の衝撃的な未来を独自の考察力で描いた歴史学者のユヴァル・ノア・ハラリさん。彼が最新作『21Lessons』でテーマにしたのが、「今、人類が大切にしなければならない」ことでした。

「雇用」「自由」「平等」「コミュニティ」「文明」「宗教」「戦争」「神」「正義」「教育」など、21項目に分かれた内容は、1ページにびっしりと文字の詰まったデザインで、和書にして400ページを超える大作でした。

最終テーマの21番目にハラリさんが記したのは**「瞑想」**でした。

彼自身が毎日、少なくとも2時間は瞑想を実践するのだそうです。

足を組んで目を閉じながら座り、鼻から出たり入ったりする息に意識を向ける。そして、この瞬間の現実をひたすら観察する……。彼が実践している瞑想を紹介するには紙面が足りませんが、驚異的な知性と執筆力で、ホモ・サピエンスの過去と未来と現在を説いたハラリさんの結論が「瞑想」だったことに驚きました。

「瞑想」とは、すなわち静けさを生むこと、穏やかさを取り入れることです。

約120年もの時を超えて、アレンさんとハラリさんが同じような結論に達しているのが興味深い点です。時代がどれだけ変化していようが、人間にとって大切なことは、いつも**「静かな心」**でいることだと、2人から教えられている気がするのはわたしだけでしょうか?

わたしたちを取り巻いている情報の一切を遮断すること、それが「情報断食」の目的だと思われたなら大きな誤解です。「情報断食」でいちばんお伝えしたかったのも、じつは**「静かな心」をもつこと**でした。

自分の思考をできるかぎり空っぽにすると、飛び交っているさまざまな情報に意識が振り回されなくなります。そのような環境を自分の内面につくると、同時に磨いていく感性の力で生まれた見えないアンテナが、ほんとうに必要な情報をキャッチしてくれる仕組みです。

少々、眉唾的に感じる人もいらっしゃるかもしれませんが、疑う前に、まずはご自分で実践してみることをオススメします。どれだけムダな情報をインプットしていたのか、どれだけ誰かの言葉や誰かの生き方に影響されていたのか、もっと言うなら、どれだけほんとうの自分らしく生きていなかったかに気づくはずです。

そして、やってくる必要な情報に人生が楽しく変化していくはずです（もちろん実現するまでの個人的な時間差はありますが）。

そこまで自分を整えてみると、食を抑える「断食」を実践したあと、口にする食べ物の奥深い旨味と栄養価が体感できる感覚と同じことが「情報断食」でも得られますから、ぜひお試しください。

本書は、じつにユニークな経緯で形になりました。

２０１５年９月７日の17時21分。わたしが編集を担当したある人の本がきっかけとなって、フェイスブックにて、きずな出版の小寺裕樹《こでらゆうき》編集長とつながりました。
わたしはメッセージをいただいた20分後の返信に、このようなことを書いていました。なぜ会ってもいない人にそんなことを書いたのか、今でもよくわかりません。

「きずな出版から本を出すのが、わたしの夢のひとつです」

何気なく書いた言葉も忘れていた2019年の夏、尊敬する編集者の大先輩、遠藤《えんどう》励起《れいき》さんの定例会で、ばったり実業家＋作家の永松茂久《ながまつしげひさ》さんと再会しました。茂さん（ふだんは親しみを込めて、こう呼んでいます）とは、10年ぶりの再会だったのです。ほんとうに久しぶりだったので、後日2人で食事に行く約束をしました。
じつは、このときすでに、わたしのアンテナはこの再会の意味を感じていました。あらためて2人で一献《いっこん》傾けながら、いろいろな話をしているうちに、彼の新刊を企画する運びとなりました。そして同年の12月、無事に出版社からの承諾も得て、年明けの1月から打ち合わせがスタートしたのです。

ところが話は思わぬ展開となりました。

打ち合わせのあと、わたしが何気なく実践している「情報断食」の話をしたところ、瞬間で面白がってくれた茂さんが、なんと！　きずな出版の小寺編集長に企画としてつないでくれたのでした。

そこからはオッケーサインの連発で、あれよあれよという間にきずな出版の櫻井《さくらい》秀《ひで》勲《のり》社長ともお会いして、本づくりを始めることが決まりました。

面白いご縁はまだまだ続くもので、櫻井社長が独立した55歳のときに初めて出版された本『女がわからないでメシが食えるか』の編集担当者が、わたしの人生の師でもある植木宣隆社長（現サンマーク出版社長）で、植木社長初の著書『思うことから、すべては始まる』をわたしが担当。55歳のわたしの初の本を櫻井社長の秘蔵っ子でもある小寺編集長が担当してくれます。また、櫻井社長と植木社長の年齢が20歳離れているのと同じく、小寺編集長とわたしもちょうど20歳離れています。

出版業界に入って、いちばん最初に言葉を交わしてくださったのが、きずな出版代表取締役専務の岡村季子《おかむらとしこ》さんだったことも、思えば不思議なご縁です。

装丁家の井上新八《いのうえしんぱち》さんやイラストレーターの平松《ひらまつ》モモコさん、本文図版を組んでくださった池上幸一《いけうえこういち》さんにもお世話になりました。そして、その他にも、ここでは書ききれないほど多くの方々とのご縁あって、本書は誕生しました。心からお礼申し上げます。

初めて書き下ろしたこの1冊が、多くの方々の生き方や在り方の小さなヒントとなりますように。また、未来を担っていく、現在20代、30代の若い人たちの感性を養う一助となりますように。

2020年の10月末より、次世代型のコミュニティサロンを開設します（2ページ後にインフォメーション）。これからの暮らし方や人生観＋死生観など、まるで小さな町をつくるような感覚で、参加者の皆さまと共有できる「場」を構築します。

よろしければ仲間になってください。

2020年9月7日　茅ヶ崎にて

鈴木七沖

参考文献一覧

『ウニヒピリ　ホ・オポノポノで出会った「ほんとうの自分」』イハレアカラ・ヒューレン他(サンマーク出版)
『「また、必ず会おう」と誰もが言った。』喜多川泰(サンマーク出版)
『スティル・ライフ』池澤夏樹(中公文庫)
『いのちのまつり』草場一壽作・平安座資尚絵(サンマーク出版)
『夜と霧　新版』ヴィクトール・E・フランクル(みすず書房)
『〈生きる意味〉を求めて』ヴィクトール・E・フランクル(春秋社)
『世界は村上春樹をどう読むか』国際交流基金企画(文藝春秋)
『みみずくは黄昏に飛びたつ』村上春樹・川上未映子(新潮文庫)
「影と生きる」アンデルセン文学賞受賞スピーチ(BuzzFeed News)

著者プロフィール

鈴木七沖 （すずき・なおき）

編集者・文筆家・映像作家。大学と服飾専門学校を卒業後、ファッションブランドのパタンナーとして活動。その後、いくつかの就業体験を経たのちの1997年、未経験のまま出版社に入社。2018年に退社するまで150冊以上の書籍を編み、実売部数で300万部を超える実績を残す。在籍中にドキュメンタリー映画も制作、観客動員数約6万人、国内外での上映回数が400回を超える。現在は神奈川県茅ヶ崎市を拠点に、書籍、衣・食・住、組織づくり、地域づくりなど、さまざまな場面で「編集力」を生かした活動をしている。

◎株式会社なないち　公式サイト
https://71nanaichi.com/
◎鈴木七沖facebookページ
https://www.facebook.com/nanatsukaze/
◎鈴木七沖Instagram
https://www.instagram.com/
naoki.nanaichi/?hl=ja
◎ Podcast 番組「大輔＆七沖 この世界を生きるために」
https://podcasts.apple.com/jp/podcast/
toliveintheworld/id1461741608

執筆や取材、講演の依頼は以下まで
contact@71nanaichi.com

情報断食―空っぽになるほどうまくいく生き方

2020年11月15日　第1刷発行

著　者　　鈴木七沖

発行者　　櫻井秀勲
発行所　　きずな出版
東京都新宿区白銀町1-13　〒162-0816
電話03-3260-0391　振替00160-2-633551
https://www.kizuna-pub.jp/

企画協力　永松茂久
ブックデザイン　井上新八
本文イラスト　平松モモコ
本文図版　池上幸一
印刷・製本　モリモト印刷

ISBN978-4-86663-125-7

きずな出版